INVENTARIO CUATRO

MARIO BENEDETTI

INVENTARIO CUATRO
Poesía completa 2002-2006

VISOR LIBROS

VOLUMEN DCCXVI DE LA COLECCIÓN VISOR DE POESÍA

© Cubierta: Diego Jordán

© Mario Benedetti

© VISOR LIBROS
Isaac Peral, 18 - 28015 Madrid
www.visor-libros.com

ISBN: 978-84-9895-716-7
Depósito Legal: M. 11.954-2009

Impreso en España - *Printed in Spain*
Gráficas Muriel. C/ Investigación, n.º 9. P. I. Los Olivos - 28906 Getafe (Madrid)

Este volumen es la continuación o complemento de tres volúmenes anteriores: *Inventario Uno* (Poesía 1950-1985; 94ª edición, 23ª en España), que consta de los siguientes títulos: *Sólo mientras tanto* (1950), *Poemas de la oficina* (1956), *Poemas del hoyporhoy* (1961), *Noción de patria* (1963), *Próximo prójimo* (1965), *Contra los puentes levadizos* (1966), *A ras de sueño* (1967), *Quemar las naves* (1969), *Letras de emergencia* (1973), *Poemas de otros* (1974), *La casa y el ladrillo* (1977), *Cotidianas* (1979), *Viento del exilio* (1981), y *Geografías* (1984).

Y luego, *Inventario Dos* (Poesía 1986-1991, 28ª edición, 9ª en España), que consta de los siguientes títulos: *Preguntas al azar* (1986), *Yesterday y mañana* (1988), *Despistes y franquezas* (1990) y *Las soledades de Babel* (1991).

Después, *Inventario Tres,* todos los poemas que he publicado en libro entre 1995 y 2001: *El olvido está lleno de memoria* (1995), *La vida ese paréntesis* (1998), *Rincón de Haikus* (1999), y *El mundo que respiro* (2001).

Ahora en este *Inventario Cuatro,* (Poesía completa 2002-2006), incluyo los libros editados en estos años: *Insomnios y duermevelas* (2002), *Existir todavía* (2004), *Defensa propia* (2005) y *Adioses y bienvenidas* (2006).

Al igual que en las anteriores ediciones, cada volumen se abre con la producción más reciente y concluye con la más antigua, quizá con la secreta esperanza de que el lector, al tener acceso a esta obra por la puerta más nueva y más cercana, se vea luego tentado a ir abriendo otras puertas, «a beneficio de inventario».

M. B.
Montevideo, marzo de 2009

ADIOSES Y BIENVENIDAS
84 poemas y 80 haikus
(2006)

A Luz, como siempre

MIEDOS

El miedo tiene varios accesorios
uno es el horizonte inalcanzable
pero el más despiadado es el espejo
que va agregando arrugas y otras huellas
de los engaños y de las tristezas

está el miedo a la muerte que se junta
con el miedo a la vida
y está la soledad con su semáforo
rojo que impide el paso
al carretón de la melancolía

está el miedo al coraje
que es un sable afilado en la sorpresa
con leyes naturales y noticias
que entran a saco en la serenidad
antes de abandonarnos en el sueño

ALTERNATIVA

La vida se me escurre entre las manos /
mientras el tiempo dice basta a nadie
yo quisiera meterme en el silencio
y allí quedarme atónito y sin dudas

pero el silencio propio está vedado
para el que lo despliega a sus expensas /
mi mundo es un secreto para el mundo
y no tolera augurios ni testigos

ni horarios ni capítulos ni sombras
ni pesadillas con que emborracharnos
la eternidad es un engañabobos
como Dios y el infierno y los profetas

y así mientras el rumbo llevadero
se esconde en el amor o en los amores
el tiempo se arrincona en el olvido
y la vida se escurre entre mis manos

NOCTURNO

Si la noche se vuelve tenebrosa
cierro mis viejos ojos remendados
ya me sirven de poco / están cansados
de mirar con mirada nebulosa

en cambio si se vuelve milagrosa
heredera de cielos despejados
los ojos se me abren asombrados
y no puedo pensar en otra cosa

la noche del amor es un escudo
que defiende del pasmo y la sorpresa
su mejor contraseña es el desnudo

la noche es juvenil cuando se besa
y si el tacto del cuerpo es más agudo
la belleza en lo oscuro es más belleza

BRINDIS (I)

Brindo con esta copa
transparente y vacía
por la mansa tristeza
por mi cielo con nubes
por la noche del alma
por la voz de mis muertos
por la llovizna opaca
por todo lo que ignoro
y el fardo de mis dudas
por el dolor de hermanos
y por el projimío
por el futuro a tientas
y el tiempo de nacer

brindo con esta copa
sin odios y sin vino
por el césped que piso
los cobardes suicidas
los suicidas valientes
los repentinos héroes
y los muertos de miedo
por los niños que lloran
y el secreto del mar

brindo por el amor
el que está o el que fue

el invicto centímetro
de mis duras lealtades
por los viejos demonios
y los ángeles si hay

con esta copa única
transparente y vacía
brindo por la tristeza
que es un modo discreto
de brindar por la vida

CUERPO

El cuerpo / vaya caja
de sangre y sentimientos
de nostalgia y fervores
de huesos y latidos
menos mal que por suerte
aún quedan repuestos
en las estanterías
de los laboratorios
y las viejas farmacias
así y todo en las noches
se cansa el marcapasos
y el tiempo ocurre lejos
como un tenue horizonte

esta caja tan frágil
de pellejos y dátiles
a mitad de camino
tiene algo de crepúsculo
con dedos como pinzas
brazos como martillo
vaya caja deleble
que los años arquean
con el fiel desparpajo
de lo mucho vivido
cuerpo caja de sangre

de músculos tenaces
y tan perecederos
caja impar / destinada
a que el fuego y los humos
la empujen al olvido
el cuerpo es un instante
del pálido universo
una historia que nace
creyéndose inmortal
caja de vida y sueño
con presente y sin brújula

del cuerpo somos amos
hasta que el dios bancario
nos cobre la hipoteca
vaya caja de estragos
de sangre y sentimientos
con el cuerpo vivimos
si no nos abandona

ah pero mientras tanto
disfrutemos del cuerpo
con los roces y goces
de otro cuerpo a la espera
con su fiesta de otoño
y sus melancolías
riamos con las manos
burlémonos del tiempo
no olvidemos que somos
un pedazo de mundo
que algunos misioneros
vendrán a descubrir

CONTRABANDOS

A menudo nos llegan
penas de contrabando
que eludieron el pago
de la razón y de otras
tasas obligatorias

colores tentativos
y ofertas tentadoras
falsas exuberancias
ídolos que no son
trampas de lozanía
cielos de poca lluvia
lujos de poca monta

si cerramos la puerta
entran por la ventana
tienen sus brujerías
sus voces de falsete
su memoria lustrosa
con resacas de olvido
sus fugas como liebres
y su silencio en láminas

ah los contrabandistas
están siempre esperando

fabrican los deseos
en inviernos de plomo
y los dejan vibrando
en busca de inocentes

así hasta que despierta
la verdad más sencilla
y empuja a los osados
más allá de fronteras

sólo entonces volvemos
a saber lo que somos
lo que queremos ser
lo que fuimos un día
y no importa que usemos
los mejores escombros
sean nuestros o ajenos
pero probados siempre
en la criba del tiempo

UNA MALETA

Fue entonces que aturdido
me metí en el pretérito
el imperfecto / no faltaba más
con suspicacias por las dudas
con precauciones por si acaso
y era tan sólo una maleta
vieja / arrugada / sin candado
con desmemoria de la suerte
y fijación de malos pasos
papeles importantes desgarrados
o vueltos a escribir con buena letra
mundo en desorden / la frontera
invisible con el sur de los años
maleta con los pétalos resecos
con rosas del olvido
y el corazón en la bisagra triste
sin albricias sin buscas sin desvelos
pasado sin paisaje / sólo ideas
de una aurora vencida o a vencer
la maleta que muestra a pesar suyo
su colección de descalabros

pasado con palabras como un muro
sobre el que salta humilde la conciencia
también con centinelas que mantienen

a prudente distancia
las tentaciones del futuro
maleta con cartones y sin mármoles
con bellezas perdidas
lástimas que lastiman
y sólo un sueño ebrio de esperanza
que ojalá que ojalá siga

NOSTALGIA

La nostalgia es un código sin clave
deshilachado y tenuemente gris
se forma de penurias rencores sentimientos
rigideces que se ablandan de a poco
y sueños que se alejan sin decirnos adiós

se reconoce fría y provisionalmente
añora primaveras que luego se otoñaron
también tiene hambre y sed / desasosiegos
que entran a saco en la noche intemperie

con su escasa presencia
su vacío de cándidos augurios
su corazón que sufre al generar
mentirosos fulgores
la nostalgia se mueve a la deriva
como si no supiera en quién confiar

no hay orgullo ni culpas
no hay plegarias ni cólera
es más bien un silencio
incómodo y sin pausa
que en el fondo no sabe a quién amar

en la nostalgia espían
los eternos ausentes
que saben y no saben
que sienten y no sienten
como si el tiempo fuera de cristal

sin nostalgia es difícil
vivir y hasta morirse /
en cada parpadeo
hay nostalgias humildes
y unas ganas imposibles de estar

la nostalgia es maciza
todo lo rememora
su mochila se nutre
de diez melancolías
y sobrevive hasta que no da más

ah pero sin nostalgia
no hay vida verdadera
su lujuria es un sueño
y en el sueño asistimos
por una vez al milagro del pan

CONTRA EL ABURRIMIENTO

Si uno se aburre del aburrimiento
siempre le queda
un soplo de malicia
o un verde del paisaje desnudado
por un viento
que sabe lo que quiere

hay una senda a prueba de destinos
un alerta de sombra perniciosa
un pozo de veranos
despoblados
y tribus de cigüeñas
que planean

así no hay quien se aburra
antes de que el crepúsculo se obstine
en meternos de bruces
en la única noche
capaz de recibirnos
con estrellas abiertas

INFANCIA

Hay quien cree que la infancia es una isla
pero es en realidad un archipiélago /
cuando ojos adultos la contemplan
encuentran arrecifes de candor
árboles con sus ramas hacia el sol
tupidos matorrales de inocencia
y pájaros que pasan desde siempre
flotantes como pétalos

en las noches lluviosas
el archipiélago se encoge
y algunos de sus tímidos islotes
naufragan o se salvan
pero la infancia asume riego y riesgo
como una recompensa
como un lauro

el robinson allí siempre es un niño
rey de su soledad
con ayer y sin hoy
sin hoy y con mañana
que despertará un día
entre sábanas de hojas
convertido en un hombre

donde la vieja infancia
será sólo un pretexto
para escribir un poema

BÚSQUEDA

Búsqueda sin cuartel en que todo se apaga
a las voces de alarma las lleva la corriente
el bajel de la historia por una vez naufraga

y el coro de cretinos festeja desde el puente /
el corazón huraño controla sus latidos
sediento de ternuras y es todo lo que siente

ahí nomás asoman recuerdos distraídos
matorrales espesos con sus franjas canosas
y el pozo donde se hunden los mejores olvidos

hay ramos que conservan memoria de sus rosas
rosas de las que quedan tan sólo las espinas
y todo porque el tiempo se ocupa de otras cosas

la búsqueda se encuentra en todas las esquinas
con pobres argumentos y nadas infructuosas
y no hay compensaciones humanas ni divinas

VIDA

La vida esa esperanza de madera
es una brujería del Dios vano
Él siempre se divierte con lo humano
y la faena inútil de su espera

la vida esa suerte de quimera
que encuentra al horizonte tan lejano
sabe que el porvenir está en su mano
pero nadie lo lee como si fuera

imposible luchar contra el destino
más acá de los fieles sinsabores
más allá del invierno tan mezquino

mas si la vida vence sus temores
puede odiar al penúltimo cretino
y también puede amar a sus amores

EL HASTÍO

Cuando llega el hastío es muy difícil
que lo espantemos a pura alegría
nace en cualquier recodo de los años
y está a la vuelta de cualquier esquina

lo peor del hastío es que no tiene
ningún indicio de melancolía
sólo se siente cómodo en lo incómodo
y en los insomnios que no se terminan

el hastío es la sombra del cansancio
y dura un mes y medio o cuatro días
no agita sus tristezas en el viento
y se instala en el alma desvalida

si el hastío se va sin previo aviso
uno no sabe a quién pedirle vida
pero es mejor quedarse sin hastío
en las promesas de la amanecida

ABREVIATURA

El ser humano es una abreviatura
un compendio brevísimo
por algo se le encierra
en laconismos como
Sr Sra Dr Ud Usía Excmo pbro prof Mons

el ser humano es un milímetro
del universo / un parpadeo
del infinito que nace y muere
como una gota o un santiamén

más que una palabra es una coma
un pedacito de alma y un latido
un disparate de la esperanza

el ser humano es un instante
campana sin su péndulo / un reloj
de aguas o de arena
un simulacro de destino
una alegría sin cimientos
y una tristeza sin motivo

CÓMPLICE

Todos necesitamos alguna vez un cómplice
alguien que nos ayude a usar el corazón
que nos espere ufano en los viejos desvanes
que desnude el pasado y desarme el dolor

prodigioso / sencillo / dueño de su silencio
alguien que esté en el barrio donde nacimos o
que por lo menos cargue nuestros remordimientos
hasta que la conciencia nos cuelgue su perdón

cómplice del transmundo nos defiende del mundo
del sablazo del rayo y las llamas del sol
todos necesitamos alguna vez un cómplice
alguien que nos ayude a usar el corazón

COSAS

Las cosas no están muertas
nosotros las creamos
y ahí quedan las invictas
testigos de los años
que asumen las derrotas
y prosiguen inmóviles

quizá nosotros mismos
seremos algún día
la cosa de las cosas
tan quieta como ellas
tan insensible como
una roca soberbia

las cosas creen a veces
que son eternas pero
no cuentan con los rayos
y con los terremotos
y en casos leves con
la nitroglicerina

si las cosas se parten
sus cositas renacen
como hijitas bastardas
y a menudo se ocupan

de obstruir los caminos
y arruinar las cosechas
en un mundo falible
las colinas son cosas
que se acercan al cielo
creyendo que es un nimbo
y es tan sólo otra cosa
una cosa cualquiera
a la que llaman Dios

NOCHES

La noche no es la misma para todos
y si se abre o se cierra lentamente
es porque cada noche es diferente
en sus giros de azar y en sus recodos

la noche es una y otra / rosa y lodos
propone a cada cual una vertiente
no hay meteoro que la desaliente
y es una y personal de todos modos

mi noche por ejemplo en el verano
no es igual que en otoño o en invierno
no es la misma en mí mismo y en mi hermano

ni es igual a la noche de ninguno
y lleva algo de efímero y de eterno
tenebrosa   radiante en cada uno

INFANCIAS

Un día se reunieron las de otrora
no los infantes sino las infancias
se desprendieron de los viejos cuerpos
y se reconocieron en el acto

cada una extrajo su memoria
de la mochila espléndida de años
y mostró las palabras que corrían
de morriña a morriña y nada más

cada una narró el aprendizaje
de las auroras que se hicieron noches
y cómo disputaron con los mitos
de un futuro que se volvió pasado

finalmente las infancias cantaron
los adioses que ya nadie recuerda
y se metieron en las respectivas
vejeces que esperaban desveladas

ELOGIO DE LA SOMBRA

En la sombra no caben vanidades
cada sombra es la franja de un secreto
uno se encuentra allí consigo mismo
sin pena sin soberbia y sin desvelo

el corazón se entiende con la sombra
ensaya allí sus claves de silencio
los ojos son las brasas de lo oscuro
y entre tinieblas es mejor el beso

la sombra no es la misma en cada ocaso
el invierno es su nido ceniciento
pero en los aledaños del verano
no es refugio de ángeles o espectros

la sombra no traiciona / es siempre una /
casi no se estremece con el viento
y cuando el sol la vence despiadado
la luz nos reconoce como huérfanos

BIENVENIDAS (I)

Tristeza derramada en el crepúsculo
esperanza alojada en la conciencia
regocijo saliendo del asombro
lecciones aprendidas de la historia
sed bienvenidas

impaciencia segura de lo frágil
trampolín de la vida y de la muerte
culpas desmenuzadas en la noche
aleluyas de lejos pero cerca
sed bienvenidas

homenajes sin nadie en los confines
cerraduras de azar con llave hueca
melancolías sin pudor ni celos
glorias barrocas o menesterosas
sed bienvenidas

candorosos estamos en la espera
con las brasas y los brazos abiertos
pero nos queda alguna voz penúltima
para decir escandalosamente
sed bienvenidas

INFINITO

El infinito tiene aguas nubes

crepúsculos gaviotas y terrazas
cicatrices borrachos golosinas
cucarachas ministros cocodrilos
faros boleros búhos lupanares
emisoras de radio / sentimientos
perros falderos / tigres de bengala
ventanas marcapasos soledades
lumbagos pesadillas rascacielos
laberintos ombligos esperpentos
melancolía goles tangos ciervos
premios fotografías elefantes
semáforos del crimen / ex maridos
llamadas urgentísimas / burbujas
golondrinas que nunca regresaron
etcétera silencio y un vacío
el infinito cabe en la maleta
que despachamos en el aeropuerto

PROFECÍAS

Algunas profecías se abren paso
vertiginosamente en el futuro
pero otras se estrellan contra el muro
de la desolación y del fracaso

hay profecías que de un solo trazo
diseñan un triunfo prematuro
y otras inútiles frente al conjuro
de un anhelo que llega con atraso

profecías que invaden el destino
con el manso poder de un juramento
que siempre es más humano que divino

a veces se pelean con la historia
sus vaticinios se los lleva el viento
y ése es el purgatorio de su gloria

VENTANA

La ventana cerrada todavía
nos oculta el color del cielo avaro
y sólo si escapamos de su amparo
sabremos qué futuro trae el día

si abrimos la ventana a la utopía
y nos recibe con un cantaclaro
tendremos que enfrentar ese descaro
con algún simulacro de alegría

la ventana es también boca del mundo
de este mundo o de aquél / el diferente
y también de uno que otro vagabundo

a la ventana apuntan enemigos
de modo que cerrarla es lo prudente
y cerrar asimismo los postigos

ENTRE DOS NADAS

La vida es puente que pasa
desde la nada a la muerte.

JUAN GARCÍA HORTELANO

Todos los implicados lo sabemos
si la vida es un puente entre dos nadas
nadie quiere tocar esos extremos

contra el tiempo no existen las celadas
ni los falsos pronósticos ni el vino
en los desvelos de las madrugadas

el futuro no siempre es cristalino
y en el hoy caben dos sabelotodos
o un sabenada que es del mismo sino

todos nos querellamos por un beso
pero el hombre formal / de todos modos
suele ser más convicto que confeso

43

ADIOSES

Despedirse del mar es demasiado
decirle adiós al cielo ya es más fácil
siempre hay ciertos adioses que hacen fila
esperando el llamado de la mano
la única que sabe despedirse
como lo saben todos los pañuelos

adiós al frío al hambre a la codicia
adiós a Dios patrono de las guerras
adiós a los amores sin historia
bienvenido el amor casi perpetuo
analfabeto en cada despedida

adiós adiós adiós adiós estamos
siempre diciendo adiós a algo a alguien
nadie puede vivir sin sus adioses
y se obliga a cargar con ese fardo

adiós al sueño de los invencibles
al deseo que vibra en otros muslos
al faro que por fin está apagado
como una linternita de bolsillo

adiós a los campeones jubilados
a las llaves sagradas que se pierden
a los silencios de los vertederos
y a los escandalitos de la infancia

lo cierto es que de veras bien de veras
sólo existe un adiós definitivo
pero esa mole quieta y sin remedio
no es adiós a la vida / es sólo un chau

FUTURO

El futuro llegó con los brazos abiertos
y su mochila llena de promesas cumplidas
amores fervorosos y una musculatura
para asombrar al mundo en las fotografías

sin llanto sin cegueras y sin palpitaciones
un futuro salvado de la melancolía
con talleres de genio y prójimos sin dudas
medallas por doquier a la mejor sonrisa
y en los alrededores luminosos y cautos
canciones de otro tiempo para salvar el día

lástima que de pronto desperté de mi sueño
y el futuro no estaba / sólo estaba la vida

ALMANAQUE

Los almanaques son mi biografía
en cada cuadradito hay algo de mi fábula
puede ser un idilio o un escándalo mudo
hay miércoles cenizos y viernes de aleluya
pero los más buscados son los números rojos
de domingos y galas

en mi cumpleaños hay un catorce azogado
la navidad ostenta tachaduras de ateo
y el carnaval hipócrita organiza la mueca
de viejos perdularios y de engañapichangas
hay que sudar enero y tiritar en julio
(viceversa en madrid)

el almanaque crece aunque parezca el mismo
un amor de febrero hasta fin de noviembre
llena los cuadraditos de falsos corazones
todo va transcurriendo
y si uno arranca hojas
es como si arrancara pedacitos del alma

doce meses son doce curvas de un laberinto
un veredicto frágil que apenas dura un año
no olvidar que a menudo

en carteles o agendas
almanaque es papel
y por tanto inflamable

MÁS ADIOSES

También la poesía es un adiós
al azar al silencio a las derrotas
a las lecturas que no dejan nada
a cierta piel y a tantas otras cosas

la poesía se mete en un cuarteto
y allí se queda a repasar la historia
verso más verso menos / se despide
de tantas epopeyas misteriosas

su adiós tiene el sabor de la distancia
y de las cercanías que se gozan
la poesía es un lago que refleja
a las nubes borrachas cuando lloran

adiós a los declives y a la ruina
adiós al esperpento y a la sombra
pero no al corazón de corazones
ni al amor de cristal que no se borra

PAUSA

Digamos que es la hora del descanso
pero no todo es calma en esa hora
pensemos en las aves por ejemplo
en cóndores albatros y gaviotas

gerifaltes gorriones y caranchos
calandrias zopilotes y palomas
ruiseñores lechuzas carpinteros
milanos oropéndolas y tórtolas

los humanos son dueños de la pausa
duermen su siesta tan reparadora
sueñan ensueños de ojos bien abiertos
o acarician el cuerpo de la otra

la pausa es una tregua de la vida
que pasa sin censura y a la sombra
si uno la inserta entre sus dos laburos
es la más servicial de las escoltas

HISTORIA

1

El tiempo pasa sin prisa
en la noche o en el alba
y se le ve transcurrir
como si fuera un fantasma

a veces es como un río
que va cantando su lágrima
y cuando nadie lo mira
asume la madrugada

empezó en el infinito
cuando los hombres no estaban
y en el aire andaban sueltas
las congojas como espadas

2

Más tarde la humanidad
asomó en el horizonte
y organizó vida y muerte
con todos sus pormenores

cada profano aportó
razones y sinrazones
y la memoria del mundo
se fue llenando de nombres

después algún distraído
señor del birlibirloque
inauguró la vergüenza
y negoció los perdones

3

Hoy ya estamos en el centro
de una historia sin milagros
deliciosamente pobre
y avara de sus hallazgos

al dios de todas las guerras
no le importan los escándalos
y el dios de las pocas paces
se aburre de su cansancio

dejemos que cunda el sabio
compromiso de los pájaros
y disfrutemos con ganas
las delicias del pecado

SABERSE

1

Uno no sabe quién es
cercano o a la distancia
hasta que en la vieja infancia
le dan el primer revés /
¿es proletario o burgués?
sin apelar a un conjuro
con paciencia y sin apuro
debilucho o resistente
suele aceptar inocente
las promesas de futuro

2

Pero el futuro añadido
quién sabe en qué circunstancia
aunque lejos de la infancia
nadie lo da por perdido /
siempre lo acosa el olvido
y en una noche cualquiera
recatada o farolera

el futuro encandilado
se convierte en un pasado
que no tiene primavera

3

Por eso es bueno / si existe /
cuidar el presente clave
y dentro de lo que cabe
aprender en qué consiste
no vale sentirse triste
y que en forma paulatina
se nos vuelva una rutina /
mejor no fruncir el ceño
escoger la vida es sueño
y el amor / esa propina

LA POESÍA (I)

La poesía es un mundo tan propicio
para nosotros casi transparente
opaco para el resto soberano

a veces es un lago inmóvil taciturno
y otras veces un río que no conoce orillas
puede ser un abrazo
un ajuste de cuentas despiadado
o un manjar de piedad / luna mediante

la poesía es rescate o es abismo
un estallido o también un silencio
síntoma de salud o sombra enferma

en ese rapto estamos tan a solas
que el mundo se nos vuelve un imposible
pero verso tras verso lo aceptamos
inválido o feraz / todo sorpresas

cuando la poesía asume la esperanza
puede salvarnos de la hartura fósil
y tal y como es / jardín sin cielo
puede inventarnos otro porvenir

la poesía sabe buscar y si nos busca
suele encontrarnos tan desamparados
como un mendigo o un escarabajo
pero allí es donde a veces interviene
el corazón de urgencia
y nos propone un nuevo vademécum
que también es poesía / extraña pero
con una gota lágrima que ayuda

la tristeza natal tiene su encanto
y si uno la introduce en diez endecasílabos
puede llegar a ser una alegría
la poesía es así / vamos al verso

PÁJAROS

Los pájaros nos miran desde arriba
y el panorama no les entusiasma
su decepción se mide en aleteos
y se van como en todos los otoños

sin embargo hay algunos / los leales
al frío a la lluvia a las neblinas
que se quedan a esperar el invierno
con un color de sombra aletargada

benteveos torcazas o gorriones
picotean migajas o baldosas
y esquivan las pisadas y las ruedas

aves que a duras penas hacen cielo
volverán o quizá no vuelvan nunca
no todas tienen alma golondrina
y prefieren volar en otros fríos

zancudas y cigüeñas y oropéndolas
pájaros pajaritos pajarracos
son como una bandada de ideales
que sobrevuelan mar de mundo a mundo
todos conocen dónde queda el norte
y los otros puntitos cardinales

los pájaros nos miran desde arriba
nosotros los miramos desde abajo
quisiéramos volar y contemplarnos
tal como fuimos somos y seremos

MUERTECITA

No es obligatorio tener causa suicida
pero a veces se añora un poquito de muerte
por ejemplo cuando la soledad
se corresponde con un pobre olvido
o comprendemos de una vez por todas
que no hay recetas para el desamor
menos aún para el desbarajuste
de un corazón conmocionado y frágil

un poquito de muerte es la tristeza

deja su seña en la melancolía
coloca pálidas en la memoria
y soporta el diagnóstico del búho

otra poquita muerte es el fuego apagado
después que hemos gozado la vida de sus llamas
y el rechazo porfiado de todas las disculpas
y la araucaria rota por el rayo

no hay plurales de miedo / tan sólo un singular
ese único pánico llegado de lo oscuro
o la pasión sin meta / sin aire ni desaire

esa muerte minúscula tiene su sello propio
una marca de vida que es la nuestra
y así prospera hasta que comparece
la otra muerte / la grande / la de todos

PROJIMÍOS

Los filatélicos son tesoneros
juntan los sellos con paciencia y álbumes
y los exhiben como relicarios
pero nosotros de algún modo somos
modestos filatélicos de prójimos

nuestro álbum es sólo la memoria
los guardamos allí como evangelios
y acudimos a ellos cuando el alma
nos duele un poco más que de costumbre

hay un sector de prójimos que son los projimíos
por ahora los suelto en mi memoria
y suelen confesarme que están cómodos

los projimíos no molestan pero
tienden su mano cuando estoy en pena
y aunque me encuentre lejos los saludo
con un abrazo de aprendiz de viejo

los projimíos son los projinuestros
somos todo un equipo una tribu una banda
pensamos al unísono pero sin disparates
o con un disparate para pasar el tiempo

cada uno conoce la diferencia ajena
y las diez coincidencias que van en la mochila
somos los descreídos quizá los descreyentes
porque no caben dioses en nuestra filatelia

projimíos tan míos / todo es mundo / entretanto
la vida nos espera / entremos en la vida

RELOJ

El reloj puede estar mecanizado
ser de arena clepsidra o saboneta
en los cruces de azar está su veta
y allí se instala el ambicioso hado

hora tras hora cambia de pasado
y el segundero avanza hacia su meta
todo está en calma en la penumbra quieta
menos en el remoto acantilado

forja el tictac mentiras y doctrina
habrá por fin un fin escandaloso
y hasta el futuro quedará en la ruina

y aunque en verdad no hay nada que se pierda
el reloj seguirá voluntarioso
pero en mi albur se acabará la cuerda

CALLES

Después de los ochenta
y en franjas del crepúsculo
uno mira las calles
como si nos llevaran a la nada
los zaguanes bostezan
las ventanas entornan sus postigos
hay mendigos y guitarras que duermen
niños de ojos brillantes y azorados
esquinas de silencio y padeceres
dos o tres prostitutas que subastan sus muslos
y un algodón de nubes enganchadas
en el duro aguijón del rascacielos

lo mejor es un perro vagabundo
sin amo responsable ni bozal
y lo peor la procesión de hormigas
que cargan su difunta cucaracha
calles que son ardides
digamos que desiertos sin oasis

después de los ochenta
y en franjas del crepúsculo
uno mira las calles
como si nos llevaran a la nada
y a los 84 uno ya se convence

de que efectivamente
hasta la nada llegan
y en la nada se quedan

OLA

Esta ola procede de muy lejos
asistió a tres o cuatro naufragios infalibles
acunó a más de un náufrago mientras sobrevivía
y luego lo dejó inerme en un escollo
no se entendió jamás con tiburones
pero ayudó a delfines en sus rondas
se alzó en el horizonte burlándose del faro
y se quedó una hora como laguna inmóvil
por suerte despertó cuando los pescadores
extendían sus redes emboscadas
y pasó por algunas dejándoles merluzas
y boquerones insignificantes
luego siguió su ruta y avizoró la orilla
acabó su crucero deslizada en las dunas
y me mojó los pies como un agua bendita

IMAGINACIÓN

La imaginación nos nace desde cero
cohabita con nosotros desde el vamos
nos sumerge tiernamente en el limbo
o nos hace creer que estamos en la gloria

cuando palpita el corazón infante
y el contorno se vuelve torbellino
aprendemos a imaginar claveles
y rosas y jacintos y azucenas
después mucho después brota la historia
la propia y la de todos   y los pájaros
nos hacen sombra y luces con sus alas
y ya nos va quedando poco margen
para que sin demora imaginemos
poquito a poco el mundo que estrenamos

llega el sonido y otra voz madura
portadora de gracia o de desgracia
y al sentirnos inmersos en nosotros
es casi obligatorio despojarnos
para volver a ser lo que no fuimos

sí / la imaginación nos nace desde cero
y nos sigue sirviendo desde miles
visitamos a tientas el infierno
y el paraíso pero desde lejos

de la vida real sabemos poco
y por eso sin prisa la inventamos
mientras la aguja del reloj verídico
avanza poco a poco en el futuro
y entramos en la etapa inexorable
pájaros orgullosos de sus alas
de sus plumas serenas de sus picos
de sus vuelos a ciegas o videntes
sienten la obligación de abrir las nubes
para que el sol los cargue de diamantes

SIN TIMBALES

Es tan molesta la conciencia
con sus reproches que uno a veces
le pide un poco de clemencia

uno conoce el esperpento
que crece dentro de uno mismo
como si fuera un sentimiento

de la tristeza hasta la euforia
del atributo a lo heredado
queda un reflejo en la memoria

y uno así avanza malherido
independiente de su cuerpo
y dependiente de su olvido

y así nos vamos sin timbales
y sin apuro porque nunca
nos sedujeron los finales

MANIQUÍ

El maniquí contempla a los movibles
el mundo es un ardid de alrededores
algo así como espejos malheridos
en los que uno aprende a desafiarse

pasa un atleta con su mano ciega
y un ciclista de bajo rendimiento
un carrito repleto de basuras
y un mercedes benz con su magnate

el maniquí medita tan inmóvil
como un filósofo de un siglo de oro
hace dos noches que cayó un diluvio
y al antiguo cristal le quedan lágrimas

pasan muchachas que son tentaciones
y dos abuelos que sexolvidaron
un helicóptero les hace sombra
pero es tan sólo duelo de un instante

el maniquí quisiera que bajasen
la cortina metálica / la misma
que lo protege de los piqueteros
y de otros martirios cotidianos

cuando la bajen se sentirá solo
pero la soledad es su alegría
y en su paz de madera sobrevive
tan indefenso como defendido

¿DÓNDE?

¿Dónde estarán mis muertos?
no los de hueso y carne
sino los de alma en calma

son apenas imágenes
voces de la memoria
que aparecen en sueños
y nos ponen al día

uno allí les pregunta
deshilachadamente
y ellos responden sobrios
con la sabiduría
que les dio lo sufrido

vamos a no engañarnos
seguro que no existen
no existen ni siquiera
como almas en pena

pero es lindo evocarlos
ya que formaron parte
de nuestros pocos triunfos
y de nuestras derrotas

el corazón les habla
en su tono de siempre
más allá del vacío
más acá de la suerte

ellos ya no usan sangre
pero igual le responden
con las reminiscencias
de su melancolía

cuando el duro final
se acuerde de nosotros
¿hacia dónde fluiremos?
¿desde dónde vendremos
a recorrer las fiebres
los sueños comatosos
las sordas duermevelas?

quizá nos dediquemos
a pisar nuestras huellas
a mirar en los ojos
de quienes nos miraban
y aprender a ser nadie
en la nada infinita

GUERRAS

Las guerras nunca vienen solas
siempre hay un dios que las bendice /
cuando unos odios desenvainan
los otros ya desenvainaron

con tanta paz dilapidada
tanto dolor sobremuriente
se va achicando el mundo frágil
de camposanto en camposanto

solar de muertos y de huérfanos
son los trofeos de las guerras
y en las iglesias y mezquitas
elevan hurras y oraciones

los deudos lloran y las deudas
se pagan con lo conquistado
y el coro insulso de las armas
sigue matando por las dudas

los zafarranchos de combate
también son guerras pero tímidas
y sirven para que las tropas
vayan lidiando con la muerte

guerras de idas y de vueltas
de viceversa y de invasiones
nuestros fervores les dedican
las maldiciones de la paz

FUEGO

Tal vez el fuego quiere decir algo
si entre las llamas aparecen rostros
pronósticos quemantes
disparates flamígeros
o lascivias ardientes

el fuego es el lenguaje de la hoguera
pero su vocación es el volcán
su ternura la lava

los pueblos se consumen
con leyes incendiarias
y sólo los bomberos
esos peones del llanto
los dejan en cenizas
así hasta que los roce
la próxima bengala

ahora sé qué quería
informarnos el fuego
y es que el mundo está ardiendo
como una esfera loca
incandescente y última

padre nuestro que estás en el incendio
padre nuestro del achicharramiento
sumérgete en el río sin demora
y nunca más regreses a tus llamas

VÍSPERA

Siempre somos la víspera de algo
y ese algo es sorpresa / flor de invierno
tierra que se estremece / paz en cierne
árboles / campo verde / matorrales
vientos reveladores de lo lejos
laberintos de un cielo tenebroso
noticias que espeluznan
niños que mató el hambre
candidatos al nobel o al patíbulo
víspera de otras vísperas
la vida es un compacto visperario
y siempre habrá un futuro
dispuesto a confirmarlo

BIENVENIDAS (II)

Perdones imprudentes que renacen
expectativas que de poco sirven
telones como párpados que caen
agüeros de la vida prenatal
sed bienvenidos

olas que son augurios en la playa
nubes que anuncian lágrimas del cielo
horas que los relojes no registran
pájaros que regresan a sus siempres
sed bienvenidos

sombras crepusculares sin presagios
miserias pedagógicas y sanas
alegrías furtivas pero reales
huellas de unos espléndidos descalzos
sed bienvenidas

alambradas de púas donde mueren
las emboscadas del futuro
luces con la vergüenza de la aurora
y savias del amor y de la pena
sed bienvenidas

TESTAMENTO

Esto tuvo que entrar
en cierto testamento
que no hice ni haré
pero queda archivado
en estos borradores

lego a mis causahabientes
un túnel de promesas
un muestrario de olvidos
una sombra sombría
una aventura quieta
una rosa sin pétalos
un corazón en frío

dejo a mis legatarios
una magia de zonzo
una trampa de turco
una noche secreta
un diafragma de amores
una broma sin gracia
una lluvia mezquina

lego a mis sucesores
la absolución de culpas
la aspereza del musgo

el lebrel hecho estatua
un manojo de aromas
un cielo tormentoso

dejo a los que me evoquen
y a los que se equivoquen
los ayeres reunidos
la piel de la costumbre
y un consuelo que crece

IMÁN

Ser un imán qué maravilla
que no sólo atrajera a los metales
sino también a los fantasmas
a las muchachas y sus pechos
a las preguntas sin respuesta
a las miradas escabrosas
a concurridos montes de piedad
y a los montes de venus que nos tientan
a simulacros de la honra
a caracoles del verano
a hojitas tristes del otoño
a desamores clandestinos
y los pronósticos del alba

ser un imán qué maravilla
que cautivara bocas cálidas
divanes para todo uso
abrazos dulces y porfiados
alas de fieles y de infieles
interminables soledades
y desahogo de los ríos
imán de cielo tan vacío
tan milagroso con su nada
imán que busca un corazón
y lo descuelga de su gloria

BRINDIS (II)

Brindo por tu presencia
por tu nombre de pila
por tus revelaciones
por tu imagen de mí

brindo por los perdones
honestos y pensados
y la tarde olorosa
en que estamos los dos

brindo por la distancia
y el correo del viento
con tus certificadas
caricias de ultramar

brindo por el reencuentro
de vidas malheridas
que vuelven del exilio
con una cicatriz

brindo por la sorpresa
de la misma aventura
que hace cuarenta años
nos desaprovechó

brindo por la milonga
y el baile de san vito
por la lenta pavana
y el tango de gardel

brindo por los amores
de gatos de azotea
y por los más humanos
idilios de zaguán

brindo a pesar de todo
con cielos y sin cielo
con vino y esperanza
y ya no brindo más

INFIERNO

Dijo octavio paz en un hueco de orgullo
que el fuego del infierno es fuego frío
no sé si es tontería o gran revelación
pero lo candoroso / la verdad inmutable
es que allí nos quemamos irremediablemente

el infierno se instala sin alertas
en las estratagemas y fronteras
en la batería de los relámpagos
en las miradas del oprobio fácil
y en los tentáculos de la tristeza

el infierno es sinónimo de mundo
el precio del martirio de vivir
el riel fosforescente del insomnio
cierta persecución de los honores
y el honor de saberse perseguido

el infierno es más bien el fuego fatuo
que arde inútil en los incensarios
con llamas rojas amarillas verdes
levitando en el aire del desaire
y dejando en las almas sus espinas

MIENTRAS TANTO

Nada es después de todo tan seguro
como que un día llegará el final
mas como uno vive todavía
al menos por ahora hay que salvarse
hay que meter amor en la mochila
y andar por el futuro imaginario

es entonces que las urgencias ceden
y uno tensa los músculos del alma
mira el alrededor con desparpajo
y se piensa inmortal por un ratito

la buena sangre es como un testamento
y el corazón nombra sus albaceas
todo queda arreglado y uno puede
en cada siesta introducir la paz

nos iremos al fin / pero aquí estamos
con todas las caricias en la mano
otra piel las recibe agradecida
y agradecemos esa gratitud

PREGUNTAS

¿Quién nos inventa?
¿Quién nos pone en el mundo?
¿Quién nos hace sufrir de alegría?
¿Quién es el surtidor de nuestra angustia?
¿Cuándo inventamos la concupiscencia?
¿Qué inundaciones borran nuestras huellas?
¿Qué profecías se fueron al pozo?
¿Qué voces nos persiguen en el sueño?
¿Algún desastre nos dejó conformes?
¿Quién nos inventa concienzudamente
y nos sigue inventando a pesar nuestro?
¿Por qué el destino nunca se desmiente?
¿Por qué los pájaros son los testigos?
¿Quién nos inventa? ¿Quién carajo?

DOLORES

Dicen que el dolor es una enseñanza
me gustaría ser analfabeto /
incluso en el pasado ya pisado
deja una rajadura imperceptible
que no se arregla con alcohol ni biopsia

si de pronto se va queda un alivio
nos sentimos los dueños del paisaje
y hasta inventamos dos o tres milongas
en un rato se aprende a renacer
y uno se atreve al fin con el espejo

ah pero si se queda y se hace carne
nos incluye ipso facto en los mortales
la sangre vive sus batallas rojas
decidimos amar a los que quedan
y su consternación es como un bálsamo

está bien / el dolor es enseñanza
y si nos licenciamos en la pena
nos ocupamos en crear adioses
sabiendo que allá arriba o allá abajo
nos esperan extrañas bienvenidas

LA PALABRA

La palabra pregunta y se contesta
tiene alas o se mete en los túneles
se desprende de la boca que habla
y se desliza en la oreja hasta el tímpano

la palabra es tan libre que da pánico
divulga los secretos sin aviso
e inventa la oración de los ateos
es el poder y el no poder del alma
y el hueso de los himnos que hacen patria

la palabra es un callejón de suertes
y el registro de ausencias no queridas
puede sobrevivir al horizonte
y al que la armó cuando era pensamiento
puede ser como un perro o como un niño
y embadurnar de rojo la memoria
puede salir de caza en el silencio
y regresar con el morral vacío

la palabra es correo del amor
pero también es arrabal del odio
golpea en las ventanas si diluvia
y el corazón le abre los postigos

y ya que la palabra besa y muerde
mejor la devolvemos al futuro

TODO ES ANÓNIMO

Hay asesinos duchos en gatillos
y otros que son verdugos ignorados
la muerte no se fija en los detalles
siempre que los cadáveres respondan

la vida es una vocación sencilla
la muerte en cambio es algo peliaguda
es claro que la una sin la otra
no podrían librarse de sus leyes

hablamos de verdugos ¿quiénes son?
tal vez esos que firman en su mesa de estilo
las sentencias que alcanzan los ujieres /
metidos en su afán no les preocupa
la conciencia hace tiempo jubilada

el humo pálido de los incendios
cubre los hombres y los nombres
todo es anónimo / no hay dios
a quien rezar o maldecir

los bandoneones y guitarras
dan su versión de la vergüenza
y uno convoca y desconvoca
las esperanzas y utopías

no acusen más / aquí está el poema
con sus acordes me defiendo
y no me importan los gatillos
ni los verdugos ni otras plagas
uno revive y sobrevive
y lo demás es lo demás

CONTRASTES

Cada tiempo tiene su contratiempo
cada cuerpo tiene sus anticuerpos
cada tóxico tiene sus antitóxicos
cada orden tiene su contraorden

el mundo es una colección de opuestos
y en medio de ese miedo nos movemos
sin desistir de nada / tan constantes
como el cielo la noche o el diluvio

en un delirio la recuerdo única
pasados los confines del olvido
con una o dos mejillas de vergüenza
y una mirada que no quiso espejo

hubo un puente entre el alba y el ocaso
pero ya no está más / las dos orillas
con sueño y duermevela cada una
sabe menos y menos de la otra
y en consecuencia menos de sí misma

por algo el corazón es cuadrilátero
y la memoria un campo de Agramante

ODA TERRESTRE

La tierra sabe hablarse con mis pies
les trasmite las tibias y sencillas
últimas y penúltimas verdades

la tierra es lo mejor del universo
más nítida que cielo y lejanías
con un poco de nada dice todo
y es el mínimo hogar de lo absoluto
la tierra es como el alma de la calma
cuando no se estremece con su furia

tiene rígidas leyes y excepciones
y le dice a mis pies que no se apuren
sostiene multitudes sin hundirse
y chozas de dolor y rascacielos
deja pasar al dios de la locura
y acoge las hojitas del otoño

la tierra se cobija bajo alas
de pájaros que mudan de ropaje
y se humedece para bien del trigo
y se reseca si lo pide el barro

la tierra sabe hablarse con mis pies
y mis pies le confían sus angustias

LUZ Y SOMBRA

No es posible librarse de la sombra
ni es posible librarse de la luz
si la desolación es su resumen
será porque el instante es desolado

siempre dejamos rosas en la ausencia
pero ella no se da por aludida
a lo sumo se vuelve un rostro pálido
que exhibe sus mejillas irreales
y en ellas vemos y nos escondemos
tan impacientes como de costumbre
y felices al fin de respirar

la conciencia tiene sus cicatrices
de los exilios y del desexilio
contagiada de tantos infinitos
que ya no sabe a quiénes invocar

el cansancio hace mella en ese escándalo
y la sombra y la luz se desencuentran
no para siempre / sólo por un rato
mientras la niebla hace de las suyas

VOZ Y ECO

No sé si somos voz o somos eco
cargamos con rencores vegetales
que no perdonarán nuestro despojo
ni disimularán nuestra apatía

nadie nos va a exigir el disparate
de volar con gaviotas de madera
ni va a enfebrecernos en la noche
con viejas pesadillas infantiles

si el mar es voz de náufragos y olas
el firmamento asume más de un eco
y aquí estamos testigos o canallas
más ágiles que el rayo y los centauros

cargamos con rencores vegetales
con troncos que hasta ayer fueron olivos
y el rumbo de los pájaros se estrena
sin ecos y sin voces / sólo en cielo

ESTACIONES

Las estaciones son estados de ánimo
el invierno es solar de raras pompas
las fúnebres y a más las de boato
la primavera es tiempo de promesas
y de árboles que empiezan a verdear
el verano es rescate de los soles
y las arenas tibias junto al río
el otoño nos pone melancólicos
porque es el fin de las alegorías

las estaciones son tramos de vida
el invierno es la busca de refugios
y el aterido reino de la nieve
la primavera es prólogo de juergas
con su catálogo de tentaciones
el verano es oficio panza arriba
un caracol con su mochila hueca
el otoño es camino de hojas sucias
y telaraña de premoniciones

SILENCIO

El silencio se esconde en el silencio
es el cero del mundo en su letargo
no hay vértigo ni ruido que lo alteren
su soledad es larga y cenicienta

el silencio es la pausa interminable
algo como el envés del universo
comulga con los cándidos suicidas
que son los que se abrazan a su nada

es la última fe de los callados
el lago de las almas en reposo
y si las barahúndas lo persiguen
el silencio se esconde en el silencio

ODA AL PAN

El pan es el color de la pobreza
y sin embargo en hornos semejantes
todos panificamos / ricos / pobres
no sólo es miga y cáscara / es un símbolo
el pan del evangelio no es leyenda
y el pan duro de ayer no es de basura
desde el mendrugo hasta la rebanada
es pan de siempre / ácimo o bendito
panes de tabernáculo o de hostia
con su pan se lo coma le gritamos
al inocente al necio o al devoto
y si el futuro es sólo una amenaza
acudimos al pan y al vino tinto
buscando amparo o en defensa propia
y si hay pan en el cuento de la abuela
evocamos al niño que no fuimos

PROFECÍAS

Las profecías nacen aquí mismo
y uno se burla temerariamente
apronta el riego para las hogueras
y el corazón para la suspicacia

puesto que son parodias del futuro
conviene asegurarse en lo vivido
allá donde los mágicos profetas
dejaron de anunciar y denunciaron

las hay beatas y también políticas
intransigentes necias y pueriles
vienen con el aval del obispado
o del viceministro de turismo

dicen que en su mochila de presagios
suelen traer algún pájaro muerto
quizá por eso les hacemos sitio
en el muestrario de los disparates

DE NUEVO

Me gustaría nacer de nuevo
tener conciencia de la sed primera
inaugurar el hambre desvalida
reconocer mis manos y mis puños
que el sol caníbal no me encandilara
y la luna durmiera entre mis párpados

me gustaría descubrir el mundo
imaginar que todos somos buenos
que aquí y allá me esperan los abrazos
y alguien me va a enseñar a caminar
con pasos vacilantes y brevísimos
porque cada baldosa es un abismo

tiempo después ya no me gustaría
sentir la realidad en mi mochila
saber que el Dios que estaba en los altares
se ocupa solamente de las guerras
que no vale la fe sino el mercado
y en la Bolsa los fraudes se cotizan

la memoria se mueve en la espesura
o en una jaula de quimeras / loca
cualquier analfabeto de recuerdos

sabe que no hay futuros a la vista
y las palabras de la madrugada
saltan sobre las vallas del olvido

el amor viene y va / viene de nuevo
es el único atajo que conduce
a la pureza o a la ingenuidad
a la inocencia o a la hechicería
cada cuerpo es el signo de otro cuerpo
no hay sortilegio que los sobreviva

y así se escurre el tiempo / sin escalas
lo sentimos pasar como un escándalo
escándalo que a veces es silencio
siembra sus prologuitos de la muerte
y de otras sombras que ya nadie nombra
y si las nombra nadie las captura

morir de viejo tiene sus ventajas
aunque nacer de nuevo es más alegre

SILENCIOS

La vida es un enlace de silencios
separados o unidos por un culto
por dos remordimientos o un delirio
que casi siempre son indescifrables

los silencios se esconden en la noche
se meten en el sueño y viborean
uno los hace aliados de la lástima
y los deja abatirse en el olvido

los silencios eligen su·suicida
le adornan la mirada con adioses
y salen a la busca de otro triste
abrazado a su mito sin futuro

los silencios se hunden en el mar
y vuelven en el filo de sus olas
huyen ensimismados a otro cielo
y vuelven en la espuma de sus nubes

cada uno produce su silencio
como un latido / como una esperanza
y ansía que esa tregua rigurosa
nos deje la concordia entre las manos

MUNDOS

Vaya mundo exterior qué complicado
lo de menos son hombres y mujeres
lo de más son las máquinas invictas
con sus bielas piñones engranajes
turbinas cojinetes cigüeñales
locomotoras grúas soldadoras
satélites en busca de otros mundos
muros en extramuros y murallas
vallas con la misión de lo prohibido
magnos escaparates de desgracias
camposantos de lujo o miserables
archivos de falaces ilusiones
obligaciones duras y ridículas
iglesias sinagogas y mezquitas
como lugares santos de las guerras

es el mundo exterior y frente a eso
queda el mundo interior de cada uno
con el alma en silencio y desvalida
el viejo amor como único rescate
y el faro de la muerte que vigila

PALOMAS

Una paloma llega en el invierno
pisa el césped llovido y las baldosas
la contemplamos con los viejos ojos
más habituados a los gavilanes

ahí nomás el lago congelado
es pizarra que une las orillas
y el niño que lo ve tras los cristales
lo guarda en la memoria sin olvido

la segunda paloma es bienvenida
y nos parece menos inocente
como si ya estuviera acostumbrada
al frío de otros puntos cardinales

y aquí seguimos hoscos y ateridos
conscientes de que es una muertecita
y esperando que en un jalón del tiempo
la demorada primavera estalle

LA POESÍA (II)

La poesía es más y es menos que algo
en cierta edad se nutre de los árboles
o se lava en la lluvia y en el río
en otros tiempos lleva a la vergüenza
todo un escándalo de sentimientos

hay poesía que entra por los ojos
como el vuelo tribal de las cigüeñas
y también en los surcos de las manos
cuando acarician otra piel deseada

la poesía trae en su mochila
congojas de hace mucho y de hace un rato
el goce de pisar una baldosa
con su cuadrado de melancolías
y en ocasiones gajos de fantasmas
trepadores como una enredadera

la poesía evoca sin prejuicios
los limpios arrabales de la muerte
y nos da a veces poemas y canciones
que siempre albergaremos en el alma

DEL AIRE

Los pájaros nacieron con el aire
lo trajeron en las alas abiertas
y lo izaron a la boca del mundo
por eso son propietarios del cielo
y sólo desconfían de la noche cerrada

de los pájaros quiero los fringílidos
jilguero cardenal y cagachín
de los túrdidos claro el ruiseñor
y de los silenciosos el colibrí incesante

los pájaros son siempre vaticinio
desfile de colores y sorpresas
cazadores de miedos y recelos
y símbolos de la soberanía

de los puntos del aire / además de los pájaros
transo con las abejas y con las mariposas
con las palomas y los barriletes
con las saetas y los querubines
pero les tengo fobia a los aviones
a las moscas y claro a los misiles

MISERIAS

En la universidad de la miseria
los niños aprenden a pasar hambre
a contemplarse las manos vacías
y a lavarse los pies en el barro

miran el cielo con indiferencia
porque Dios es el dios de los ricos
y cuando duermen sueñan con arroz
con pan duro y con agua de lluvia

en la universidad de la miseria
los niños no le temen a la muerte
porque creen que ella nunca
será peor que la vida

otean la aflicción de los demás
a través de una lágrima reseca
e ignoran la tristeza de sus ojos
porque nunca miraron un espejo

en la universidad de la miseria
casi nunca hay ancianos y es lógico
porque los niños pobres y más pobres
nunca llegan a viejos

METRÓPOLI

Calles que no son calles sino rumbos
semáforos que dicen novamás
esquinas donde espera un infortunio
camiones que se cruzan con camiones

la cándida ciudad hierve en verano
y en los inviernos tiembla hasta en las rejas
puede ser nido puente o tabernáculo
sus habitantes no miran el cielo
están acostumbrados a la sombra
allí fornican duermen o cavilan
se asumen en silencio o en voz alta
estudian la pared con lamparones
y a veces salen a desencontrarse
con la vecina de ancas movedizas

ciudad de perros y de pordioseros
que limpian los cristales de los autos
también de acaudalados que whiskean
hasta altas horas de la madrugada

urbe de clase media empecinada
en mantener su podio a duras penas
con todo suele ser la más bendita
puede leer en lenguas transoceánicas

y chamuyar hasta en endecasílabos
dos por tres hacen poemas o bocetos
y hasta exponen en una galería
pero si la censura los detecta
no tienen más remedio que exiliarse

la ciudad cambia mucho en democracia
la gente se sonríe y hace gárgaras
se saludan de vereda a vereda
y acuden al estadio a tomar mate
los hinchas aurinegros y los albos
se miran con respeto cuando empatan
que es a menudo porque son tan malos
que hasta danubio o defensor les ganan
maracaná es reliquia del pasado
ya murieron obdulio y schiaffino
y a los poquitos buenos que aparecen
se los llevan a roma o barcelona

la ciudad ya no vive de su fútbol
pero hay más autos y los autobuses
son gigantescos como paquebotes

qué metrópoli extraña / a mí me gusta
montevideo es mi maravilla

DERROTAS

Sólo viviendo a convivir se aprende
las dos materias casi imprescindibles
son el abecedario y la derrota
en la primera están las iniciales
de todo lo que existe o existió
en la segunda está el aprendizaje
más sólido más franco y más humano

en la derrota cunde la tristeza
digamos una pena aleccionante
casi un álbum de chascos imprevistos
y de algún disparate sin disculpa
la derrota no es gratis / sale cara
pero como uno sufre no la olvida

en cambio las victorias no tienen importancia
son apenas fugaces como una carcajada
no dejan huellas en el corazón
ni le cambian el ritmo al parpadeo

dicen que la derrota es una ruina
y sin embargo es casi un desafío
nos muestra cuáles son nuestras flojeras
y en qué pulgada somos vulnerables

gracias a la derrota nos situamos
de derrota en derrota somos algo

AGENDA

Cualquier agenda es una biografía
yo guardo casi todas esas joyas
en una linda caja de madera
y a veces las recorro tiernamente
curioso como un búho detective

mi padre se llamaba Brenno Mario Edmundo Renato
    Nazareno Rafael Armando
y a mí me llamaron Mario Orlando Hardy Hamlet Brenno
pero cuando ocho años después nació mi hermano ya
    había crisis de nombres y sólo le llamaron Adolfo Raúl

no sé cuántos nombres tendría mi abuelo
pero sí que era astrónomo químico y enólogo
un sabio italiano natural de Foligno provincia de Perusa
que sólo iba al cine a ver a Pola Negri

en el Deutsche Schule aprendí alemán
y a recibir *derbe Ohrfeige* (tr. bofetones) a la menor
    rrtum (tr. equivocación)

cuando me ordenaron saludar a lo nazi
el viejo me sacó de una oreja
sin que yo asumiera mi terrible culpa

pero está el martes de una bronca escolar
todavía me duele el piñazo en un pómulo
y el premio que nos dieron a fin de temporada
a mí y a Kempis mi mejor amigo
con el que usábamos el alemán
aprendido a trompadas de los lehrer
como una clave que dejaba atónitos
a familiares broncos y vecinos

después fui contable / vendedor de repuestos / corredor de
libros / cajero / sobre todo taquígrafo una profesión
entonces cotizada porque aún no habían nacido las grabadoras
sábados o domingos del estadio
a ver a nacional quenoninó
un jueves gris con sueño en espiral
y luego un despertar con padre y madre
padre con su ejemplar laboratorio
con microscopio y mate y con mi hermano
ducho en análisis y yo analfabeto
en esas intrincadas precisiones

un viernes de cajón / yo con mi estreno
mi primer libro / pasto de lectores
que no llegaban a la cuarta línea

otra vez lunes y uno se enamora
y hasta se casa con la bienvenida
pero es un viernes con poquita gente
y pasan años con agenda malva

hay otro martes que dice "lo pérfido"
y nunca supe su significado
ocho veces pasé por cirujía

cataratas y vejiga y retina
y fractura del húmero derecho
marcapasos / tumorcito en la próstata
y no me la extirparon de milagro
y una verruga como un globo terráqueo

me di a escribir y son ochenta libros
y en viernes y otro martes subsiguiente
recitales con voz restablecida
y los ojos con lentes de contacto
cinco versos leía y otro lo adivinaba

cuando llegué a mis 30 amontoné esperanzas
que se fueron quedando al borde del camino

la agenda en mis 40 era de tapa azul
y ahí empecé a ver mundo
desde el cielo hasta el suelo
la agenda en mis 50 era morrocotuda
tenía tres trabajos / en total 15 horas
me costaba el pan nuestro
de cada mediodía
en recompensa tuve tifoidea

sin lentes de contacto no veía muchachas
sólo viejos y viejas como este yo de ahora

la agenda en mis 60 tiene un octubre espléndido
tanto que consagré dos semanas al sol
las playas burbujeaban con turistas de un weekend
y los acaudalados compraban una casa

especialmente apta para fotografiarla
y presumir con ella ante los pobres tíos
de rosario mendoza y resistencia

la agenda en mis 70
viene con dictaduras y por tanto
con semanas en blanco / sólo el fútbol
derrota la censura con once caballeros

ahora me conmuevo en mis 84
el alzheimer ha entrado en la familia
por suerte mi cerebro todavía funciona
para tener conciencia de este ocaso
y por las dudas sigo haciendo versos
como si fueran válvulas de escape

tendrían que haber sido muchos más
pero no siempre tengo tiempo
se me acabó la agenda
así que abur / basta por hoy
pero no se hagan ilusiones

UNIVERSO

¿Por qué mendigan los niños mendigos
en las calles de la melancolía?
¿será que el universo se quedó sin pudores
y ya no es un infalible monstruo?
¿por qué los perros que eran más que leales
ahora son los que ladran pero muerden?
¿será que el universo es una pesadilla
que empezó hace millones de vísperas y ayeres?
¿por qué las armas que eran de museo
ahora gozan con la muerte de otros?
¿será que el universo retrocede
hasta la génesis en que era un vaho?
¿por qué las guerras solamente estallan
si hay una religión que las bendice?
¿será que el universo se desangra
sin confiar en los siempres ni en el nunca
bah el universo el universo viejo
el univer el uni ¿dónde? ¿dónde?

LA TERCERA

a Marisa Montana

Dice Marisa que murió dos veces
y que estar muerta es algo venturoso
tal vez porque el letargo fue brevísimo
y no hubo tiempo para anquilosarse

a veces añoramos otro mundo
sin memoria de todo lo perdido
algo como una tímida planicie
y un cielo con los pájaros que quedan

todo es posible menos lo imposible
digamos el reclamo de otro tiempo
que no dejó ni incógnitas ni huellas
detrás del sufrimiento y del delirio

morir dos veces es hacerse un hueco
entre dos murallones de tristeza
y entonces la tercera es la vencida
y uno el vencido irremediablemente

OBJETOS

Por más quietos que estén los objetos son vida
de madera de hierro de cartón o de felpa
de cristal porcelana barro cocido o plástico
nunca dejan de hablar /su forma es un monólogo
una historia sabida y consabida
digamos una mesa con su blanco mantel
huellas de manos rudas y platillos de loza
el doble armario con cincuenta toallas
que no olvidarán nunca sus desnudos
un ropero con trajes que no abrochan
la mesa del estudio con su polvo
y ciento veinticuatro borradores
el sillón de balance en el patio del fondo
y la computadora que reclama
dedos vertiginosos y con ritmo
el taburete para pies o glúteos
la biblioteca tan diccionarísima
de luz y sombra y bronce la lámpara portátil
zapatos a la espera de su pierna baldada
alfombras arrolladas como un enorme tubo
una guitarra muda que añora sus arpegios
y una puerta cerrada a cal y canto

los objetos pregonan escuchan recomiendan
nos miran con mesura y aprontan su balance
con todo la sorpresa nunca les dura mucho
pues somos para ellos un objeto colega

CARENCIAS

Las carencias pretéritas y las actuales
nos acompañan con lealtad ficticia
son nuestro alrededor nuestro arrabal
y saben de la cabeza más que del corazón

en las carencias hay prójimos que miran
más huérfanos que cualquiera de nosotros
intocados / extranjeros / o simplemente grises
caídos de lo alto o surgidos de un pozo artesiano

en las carencias aparecen víctimas y victimarios
algunos sobreviven al exilio y al sismo
y se confunden con las pesadillas
otras abren el cero del futuro

si en algún día helado o alguna noche tibia
compruebo que carezco de carencias
me iré hasta el río o hasta el mar
para pedir perdón por mis pecados

OTRO EXILIO

La muerte es el exilio de la vida /
desde ese lejos tan inapelable
se ve a la vida como patria única /
eso al menos cuentan los que renacen
pero suelen ser algo exagerados /
los que aquí estamos entre cielo y suelo
sabemos que hay abismos y altozanos
arroyos que transcurren y no vuelven /
por una hendija salen las ideas
y por otra penetra el pobre mundo

no obstante no queremos ese exilio
porque de muerte lo ignoramos todo
es mejor aferrarse a lo que somos
con pequeños calvarios y dilemas
y brisas que nos soplan en la nuca /
la vida es la condena pero es vida
y es dulce hallar que el corazón nos late
que las manos encuentran otras manos
que las bocas se unen a otras bocas
y que el cuerpo penetra en otro cuerpo

en la muerte no hay pájaros ni dioses
ni racimos de amor y providencia

bah / si quiere apostar por la memoria
cambiemos su rutina y por las dudas
dejémosla en la luna del olvido

CREPÚSCULO

El crepúsculo diario
introduce a la noche
pero el de cada vida
introduce a la muerte

en el campo el crepúsculo
es hora de tristeza
y hasta el ciervo nos deja
su último balido

las cigüeñas regresan
a su torre sagrada
y el hornero se mete
en su casa de barro

el crepúsculo es apto
para encender un fuego
y cavilar mirándolo
hasta hacerlo ceniza

si un crepúsculo ingrato
se me instala en el alma
diré como los otros
mi último balido

ROCÍO

La suma de rocíos y rocíos
puede formar el arpa de la lluvia
balbuceo de lágrimas y ecos
que humedecen la niebla y la tiniebla

mi ventana improvisa sus barrotes
y yo espero en mi jaula tan tranquilo
tal vez porque es ofrenda de las nubes
y hay nubes con un poco de esperanza

cada gota es el plagio de un diamante
o clave de un remoto laberinto
pero todos sabemos que el rocío
es el llanto de un cielo que no existe

MUSEO

En el museo están los que se fueron
y dejaron sus marcos con ayeres
y las ancianas   cuando eran muchachas
y las ciudades cuando eran paisaje

en el museo vuelan las palomas
estáticas / a cuenta del pasado
quién sabe si murieron en un pino
y apenas queda su perfil inmóvil

hay rostros de museo que sonríen
y su sonrisa es antediluviana
y otros que miran con un odio fósil
dirigido al pintor y al visitante

en el museo a veces sobreviene
o sobrevive y casi sobrevuela
algún milagro cuando cierta imagen
nos llama y enamora para siempre

SILENCIO MURO

Cuando el silencio es de veras silencio
y su vacío llega al horizonte
todo se apaga / incluso el palpitar
del pobre corazón y de las olas

el silencio es la pausa de la vida
el único fiscal del universo
un oasis en medio del escándalo
un veredicto sobre el disparate

el silencio es un muro inexpugnable
inmune a la oración y al alarido
sólo se entiende con el horizonte
porque es un borde que no dice nada

NOCHE Y NADA

La noche es verdaderamente noche
cuando no tiene estrellas y la luna
se refugia en su cueva de menguante
sólo entonces uno entiende a los ciegos
cuando ven con las manos y las uñas
y aprenden a enfrentarse con el mundo

la noche inexpugnable / tenebrosa
nació en algún desliz del universo
y oscureciendo las generaciones
llegó hasta hoy con su disfraz de búho

la noche es un anuncio de la nada
y nos envuelve con su desafío
apenas si podemos conjurarla
soñando con paisajes y florestas
aunque estemos dormidos como troncos

también los cuervos sueñan en su rama
sin despertarse y sin abrir el pico
mientras los sauces lloran en lo oscuro
pero a la noche no hay quien la amanezca

SCHLUSSWORT

¿Y ese niño qué busca?
¿Y ese trueno qué anuncia?
¿Y qué piensa el caballo?
¿Y esa rosa dormida?
¿Dónde acaban los miedos?
¿Dónde empieza la gloria?
¿Por qué guardo en el alma
las tristezas de otoño?
¿Por qué el barrio ha cambiado?
¿Por qué hiervo de fiebre?

¿Por qué tarda la lluvia
para el campo que aguarda?
¿Cuándo abrió el nacimiento?
¿Dónde cierra la muerte?
¿Qué nos pide el pelaje?
¿Qué responden los ojos?
¿Dónde llega el descalzo
por la senda de piedras?
Y este verso ¿dice algo?

OTRO RINCÓN DE HAIKUS

A mi hermano Raúl

1

echo de menos
lo mejor de la infancia
que es el balero

2

rubias o rojas
las pelucas no cubren
el pensamiento

3

viejos llegamos
convictos y confesos
casi hasta el borde

4

la borrachera
es la cura salvaje
de la desdicha

5

cuando amanece
uno siente que vuela
no sabe a dónde

6

los ruiseñores
sollozan cuando cantan
o así parece

7

hemos quedado
sin fe sin utopías
pero con rabia

8

no lo difundan
la primavera es loca
cuerdo el invierno

9

con estas lágrimas
se forman los arroyos
más transparentes

10

según los códices
cuando dios era dios
nació el ateo

11

es raro pero
casi todos los calvos
son calvinistas

12

ley del espacio
cuando abro la ventana
se asoma el mundo

13

a medianoche
jesús se divertía
con los ladrones

14

hay quien supone
que el catarro con flemas
es de flemáticos

15

los adivinos
siempre tienen a mano
su fe de erratas

16

sólo el murciélago
es esdrújulo como
la santabárbara

17

dicen que en washington
las señoras más gordas
son diputadas

18

como pingüinos
pasan los sacerdotes
que se jubilan

19

febrero treinta
es el falso cumpleaños
de los fantasmas

20

la luna pobre
es igual a la luna
de los magnates

21

en el invierno
el viento mueve árboles
como esqueletos

22

¿dónde estaremos
cuando la dulce muerte
nos dé la mano?

23

ley del anónimo
si supiera quién soy
no lo diría

24

vaya teléfono
siempre ocupado y yo
desocupado

25

de poco sirven
los arrepentimientos
después del crimen

26

soberbio arquero
atajó tres penales
y un estornudo

27

los responsables
sólo se hacen presentes
en la posguerra

28

el mejor tramo
para enlazar amores
es el crepúsculo

29

cuando a las brújulas
les ataca la fiebre
pierden el norte

30

en los prostíbulos
hay leyes más severas
que en el gobierno

31

los dictadores
como son religiosos
rezan cañones

32

hace tres días
que no hay horizonte
¿se habrá acabado?

33

no me resigno
ni a pedir ni a brindar
ni a resignarme

34

mirar al dorso
de cualquier maravilla
por si las moscas

35

en el exilio
siempre estamos colgados
de la nostalgia

36

nadie está solo
si al menos tiene diálogos
con la almohada

37

es increíble
pero a veces las piedras
son como estatuas

38

cada noticia
viene con un asombro
para asombrarnos

39

saltaré sobre
el horizonte para
verle la espalda

40

la pobre llama
cuando llama sin fuego
cómo se llama

41

el asco auténtico
es quizá el juicio crítico
más categórico

42

esa memoria
y estos olvidos juegan
a la escondida

43

en tiempos laicos
las rodillas no quieren
arrodillarse

44

no hay sufrimiento
más doloroso y largo
que la esperanza

45

¿por qué será
que los truenos nocturnos
son tartamudos?

46

cuando la lluvia
nos caza en la buhardilla
nos abrazamos

47

en lo sagrado
caben eternidades
exasperantes

48

el almanaque
incluye penitencias
cuadriculadas

49

tarde o temprano
mordemos el anzuelo
sin darnos cuenta

50

un cielo limpio
sin nubes y sin pájaros
es poco cielo

51

quién más quién menos
uno avizora riesgos
en lontananza

52

voz en lo oscuro
el grillo nos recuerda
que estamos vivos

53

la desconfianza
ha sido siempre un pájaro
de mal agüero

54

nadie recuerda
que Cristo fue una víctima
del cristianismo

55

quién lo diría
el amor entrañable
nace en la entraña

56

en el océano
se confunden lo lejos
con lo más lejos

57

después de todo
los huesos son lo único
que sobremuere

58

con o sin luces
una mujer desnuda
siempre es la reina

59

los pies me llevan
y después de aburrirse
los pies me traen

60

y así seguimos
con el alma en harapos
y el cuerpo airoso

61

el marcapasos
me alquila sus latidos
a un precio módico

62

ayer y ayer
en el pozo de ayeres
está el pasado

63

en pleno campo
en el ojo de buey
se ven las vacas

64

la nada es todo
de la nada salimos
y allí volvemos

65

la mujer nueva
sabe elegir marido
y abandonarlo

66

en los bisiestos
uno duerme dos siestas
el veintinueve

67

quien oye misa
se fija en la muchacha
que reza al lado

68

el esperanto
esa lengua de todos
que no habla nadie

69

de la vergüenza
sólo sienten orgullo
los sinvergüenzas

70

vino con tino
hábito saludable
de los prudentes

71

¡qué afán del cosmos!
¿será que los misiles
trafican coca?

72

las campanadas
anuncian aleluyas
o cataclismos

73

no hay santo vivo
que no cobre su óbolo
gracias a Dios

74

bromas poquitas
que hay necios que las ríen
a bofetadas

75

Adán y Eva
fueron los fundadores
de la lujuria

76

semen y semen
pero de sementera
no sementerio

77

el pesimista
es como un gran filósofo
hipocondríaco

78

las golondrinas
regresan a su exilio
de primavera

79

niños precoces
que quieren jubilarse
como el abuelo

80

ciertos idilios
nacidos del azar
son azarosos

DEFENSA PROPIA
60 poemas y 85 bagatelas
(2005)

A Luz,
en nuestro 58° aniversario

OTRA VEZ EL MAR

OTRA VUELTA DE MAR

REALIDAD

La realidad es un paisaje
escasamente generoso
sus rosas suelen ser de plástico
y su arrebol se acaba pronto

sus luces lucen deslucidas
sus esplendores son remotos
y sus penúltimas promesas
se desmadejan poco a poco

el suelo verde es un consuelo
que se convierte en doloroso
cuando las hierbas envejecen
como anticipo del otoño

la realidad miente a sabiendas
es un proyecto transitorio
y también una imagen hecha
para mirar con otros ojos

la realidad es menos real
que tiritonas y bochornos
y sólo se nos vuelve cierta
en el santuario del insomnio

SILENCIO

El silencio ese abismo
ese mágico hueco
donde no pasa nada
y el pasado se anula

el silencio es el último
esfuerzo de la nada
para ser algo / para
decir adiós al cielo

el silencio es un juicio
sobre el sórdido mundo
y sobre el mundo limpio
donde descansa el alma

el silencio es tan dulce
o tan amargo / nadie
puede desbaratarlo
ni siquiera la lluvia

el silencio se esfuma
tan silenciosamente
porque el silencio es eso
y nada más / silencio

COSTUMBRES

Qué costumbre la de morir temprano
o simplemente desmayarse
aclimatándose sin prisa
y dejar que los órganos se asuman
en sus funciones y defunciones

la vanidad huye despavorida
con su egoísmo a cuestas
y sus desdenes desdentados

uno se queda a solas con su noche
disfrutando por fin del abandono
viendo cómo los buenos sinsabores
navegan en el lago de la melancolía

los emigrantes vuelan sin adioses
hay quienes regresan sin su rostro
de vez en cuando alguna voz se filtra
para sembrar un dulce monosílabo

en la mágica red de explosiones
que hacen del mundo virginal una hoguera
el silencio es el protagonista
es el oasis de los malheridos
y el refugio de los cadavercitos

por ahora sigamos masticando inocencia
que en ciertas ocasiones llega a ser
el suplente natural de la alegría

la verdad es que el río se desliza
hacia el mar de nostalgias y delfines
y por qué entonces vamos a quedarnos
en el arroyo que nos tocó en suerte

CONVALECENCIA

Siempre hay algún dolor del que alejarse
se convalece sin cesar / la efímera
felicidad se apoya en los más frágiles
bordes de la inocencia y del olvido

se convalece en la terraza y luna
o con los pies metidos en el barro
con un deshilachado sentimiento
cómplice de ilusiones maltratadas

se convalece a corazón abierto
sin rencor y poquísima nostalgia
sin ponerse a bregar con los agüeros
o con el sinsabor de la pureza

la penitencia en cruz / el sur lejano
son asumidos de una vez por todas
y uno puede lamer sus cicatrices
con un viejo sentido del orgullo

toda convalecencia es una apuesta
si se pierde más vale no hacer versos
si se gana mejor será guardar
las nuevas esperanzas en un cofre

NOCTURNO

La noche es más espléndida
cuanto más tenebrosa
en su región hermética
no hay penas ni temores
ni delirios ni gozos
su impenetrable azar
lo cubre todo
los odios en desuso
el frío de los míseros
los amores usados
el poder miserable
las amenazas pródigas
y los pánicos fértiles

la noche sin estrellas
es la más noche es única
los insomnios la piden
despabiladamente
porque la saben fiable
y uno puede pensar
oscuramente alegre

el mudo sol no existe
queda en la retaguardia
por suerte no encandila
con sus rayos de viejo
y la belleza oscura

de la noche es un túnel
que promete milagros
aunque nunca los cumpla

la noche es una dulce
parodia de la nada
y a diferencia de ésta
es algo tan pujante
que hasta la muerte huye
ante esa antagonista
impenetrable y loca

FANTASMAS

Fantasmas hay de todo tipo
están los bienintencionados
que nos avisan en el sueño
cuando nos va a alcanzar el rayo
o el cobertizo se derrumba

y están los otros los malignos
los silenciosos los que dejan
abierta la llave del gas
o nos invitan a brindar
con un sabroso vino tóxico

pobres fantasmas / son ingenuos
no se dan cuenta de que pisan
los arrabales de la muerte
y que no tienen cuerpo ni alma
ni corazón ni sangre loca

pobres fantasmas / se diluyen
no bien la dura realidad
mete sus nieblas en un puño
entonces huyen pavoridos
porque los perros los espantan

LLUVIA

Por entre los barrotes de la lluvia
veo un mundo confuso y sin historia
gracias a esta prisión meteorológica
me arrincono en mi cielo de prestado
y escucho a la memoria esa implacable
que me dice me grita o me murmura
pasiones apagadas deserciones
abrazos que aún ahora me sostienen /
llueve con sincronía y parsimonia
con la cachaza de los evangelios
y el viejo bálsamo de la costumbre

mi ventana chorrea sentimientos
pajaritos mojados se resignan
a cobijarse junto a mi postigo
y sin prisa y sin pausa el tiempo huraño
sigue con su diluvio en miniatura

lloverá no sabemos hasta cuándo
el aguacero es una contraseña
no tenemos en cuenta que hubo un sol
que naufragó en el último chubasco

el futuro gotea y su pronóstico
es frío pesaroso y destemplado
y sin embargo pese a esa tristeza
yo mantengo mi amor hacia la lluvia

MEMORÁNDUM

A lo mejor te olvidas de tu río
de las gaviotas que lo vigilaban
de la barcaza con sus tres viajeros
con dos guitarras y una vieja gaita

el agua era el espejo de los pinos
sus hojas aprendían a nadar
y una que otra mojarra las guiaba
hacia el río más ancho o hacia el mar

a lo mejor descuidas la floresta
con algún zorro astuto como pocos
y dos lechuzas cariacontecidas
que vigilan sin ver o viendo todo

con el viento llegaban los mensajes
y con el viento se les contestaba
cada arbusto tenía una sorpresa
cada pozo de fango era una trampa

acaso te olvidaste de la luna
con su pálido rostro de la noche
y truenos que ululaban a lo lejos
como profetas o como tambores

la vida está pasando / no la olvides
vida olvidada es seña de la muerte
por suerte te asumieron las vigilias
y esta memoria es todo lo que tienes

OTRA VEZ EL MAR

No sé cuántos poemas habré escrito
sobre este oscuro mar que nunca muere
será que siempre va conmigo / aunque
mis pasos pasen por la tierra seca

me han prohibido la sal la sabrosísima
por el escaso resto de mis días
pero nadie se ha animado a prohibirme
la sal del mar ese gigante amigo

cuando me acerco al mar el mundo es otro
cada ola es una expectativa
que usa la playa como anfiteatro
pero la espuma es sólo una congoja
una suerte final que a nada aspira
el mar es el sabor de las gaviotas
que pasan y repasan preguntando
a las olas al viento a la resaca
donde está el nuevo sur / basta de norte

el mar nos trae un cielo de archipiélagos
con póstumos adioses de los náufragos
con limpios testimonios de delfines
y tajos de las quillas de los buques
el mar no está prescripto / es vitalicio
si viene en paz es un abrazo / pero
con las tormentas se vuelve iracundo

ya no sé cuántos poemas habré escrito
sobre el oscuro mar que nunca muere
por las dudas aviso que este poema
tampoco será el último / qué cosa
por qué será que el mar es uno y mío
adiós mis olas lindas / hasta pronto

SONETO DE AMPARO

No hay frontera del sur tan insalvable
como la que arde en el amor de veras
allí no valen bálsamos ni esperas
ni sirve el promitente más estable

puede el amor ser tibio o insaciable
de todos modos cuida sus fronteras
y gracias a sus cándidas maneras
no hay línea divisoria vulnerable

en el amor se estrella la patraña
más dúctil o más dura y sin sentido
pero no puede culminar la hazaña

quizá porque el amor ha construido
con paciencia y fervor su telaraña
donde el odio que cae está perdido

DEFENSA PROPIA

ADIOSES

Hay muchas formas
de despedirse
dando la mano
dando la espalda
nombrando fechas
con voz de olvido
pensando en nunca
moviendo un ramo
ya deshojado

por suerte a veces
queda un abrazo
dos utopías
medio consuelo
una confianza
que sobrevive
y entonces triste
el adiós dice
que ojalá vuelvas

DERROTAS

Las derrotas pueden llegar lustrosas
o imprevistas o extrañas o sufridas
de todos modos nunca bienvenidas
ni acogidas con hurras o con rosas

las derrotas son como tantas cosas
más conocidas que desconocidas
emergen de imprudencias repetidas
o de esperanzas demasiado ansiosas

a veces nos revelan los recodos
más ignorados o nos dejan claro
el origen de nuestra bancarrota

ah pero sucumbimos como todos
y aunque el tiempo nos brinde algún amparo
una derrota siempre es una derrota

VENGA LO QUE VENGA

A esta altura el instante me apabulla
se me acabaron las melancolías
y la curiosidad ante el paisaje

aquí y más lejos este mundo es uno
mi angustia se parece a la de todos
si nos salvamos o si nos destruyen

si nos internan en la jaula de odios
la ternura está vieja y sin destino
y el llanto es una tibia fe de erratas

hay que salvar a los antepenúltimos
niños que nacen tan condenaditos
que piadosas mendigas los abrazan

el cielo se desploma lentamente
hay pobres árboles que por si acaso
besan el suelo con sus hojas nuevas

los poderosos tiran por la borda
los mensajes del mar y de la sangre
su impudor abre pozos como tumbas

todos cuidamos nuestra sombra viva
que sólo existe cuando el sol alumbra
y allí esperamos / venga lo que venga

DEFENSA PROPIA

Cuando se ama en defensa propia
no importa que nos aceche el desamor /
si la memoria está turbada
quedémonos un rato a la intemperie
pensando en todo en todos
en los viejos añicos del tiempo
en formas maltratadas del vacío
en el indulto a nuestros desatinos

cuando se ama en defensa propia
el corazón se nos ensancha
la tristeza se arrima / mansa y tibia
cargamos con el sentimiento
como si fuera una mochila
y poco importa que los notables
nos ignoren desde su cumbre

cuando se ama en defensa propia
el alma se convierte en un imán
y si uno tiene mucho que decir
lo dice sosegado en el insomnio
todo depende del azar / decían
las tías las abuelas las maestras
mas cuando se ama en defensa propia
el azaroso azar cambia de rumbo

DESAPARECIDOS

Cuando los desaparecidos
aparecen soñados como un mito
su vuelta al pago es un escándalo

sus asesinos tienen pesadillas
donde sus víctimas los atormentan
y cuando se despiertan los maldicen
y se maldicen y esas maldiciones
al primer o segundo parpadeo
dejan una burbuja en la conciencia

cuando los desaparecidos
llaman y llaman en los corazones
los valores descienden en la bolsa
las culpas hieren como jabalinas
y no hay escudo que las invalide

cuando los desaparecidos
se desentierran por algún milagro
y nos recuerdan sus mensajes justos
no hay amnistía ni misericordia
para depredadores y verdugos

cuando los desaparecidos
aparecen soñados o ensoñados
el mundo deja de dar vueltas
por dos o tres amaneceres

y aquellos últimos que los amaron
y los penúltimos y antepenúltimos
al repasar la consabida historia
llenan con su nostalgia los insomnios

DOLOR

El dolor es digamos un lenguaje
que nos convierte en pálidos testigos
de nuestras flojedades clandestinas

el dolor siempre tiene algo de extraño
lo recibimos como una injusticia
tan insolente como inmerecida

suele cobrar algún error de bulto
pero también castiga pequeñeces
que en el fondo son mentiras sabrosas

el dolor físico es el más molesto
porque nos acumula sensaciones
en perjuicio de todo el pobre resto
incluidas el alma y sus burbujas

pero el dolor espiritual profundo
entrañable sensible apasionado
celoso cuando pasan los amores
duele como una herida de lo eterno

en realidad el mundo es un racimo
de dolores transparentes o turbios
todos llevamos uno en la mochila
porque azar sin dolor no sabe a nada

TRANSICIÓN

Quién iba a imaginar en otros tiempos
que todo iba a cambiar como ha cambiado
los amantes maridos y ex amantes
no mataban mujeres como es de uso

presidentes y uno que otro caudillo
tenían corruptelas privadísimas
pero ninguno de ellos nos miraba
analfabeto y basto como bush

ahora hay presidentes democráticos
que suelen desplazarse en helicóptero
a ver a su querida de provincia
y suele haber puñales en la noche

quién iba a pensar que los camiones
iban a convertirse en asesinos
y que la windows daría consejos
para alargar el pene en siete días

los mendigos convocan muchedumbres
los futuros alcaldes algo menos
los futbolistas coleccionan goles
y millones y goles y millones

la violencia que antes fue pecado
merece ahora condecoraciones
el vaticano y las fábricas de armas
se complementan con amor cristiano

¿por qué será que la crueldad erótica
es casi siempre loca y masculina?
¿por qué los tipos se enamoran de ellas
y después se enamoran de la muerte?

quién iba a imaginar que la esperanza
antes tan jubilosa y tan doméstica
se iba a convertir en un milagro
asequible tan sólo a los pudientes

todo se fue y no viene ni vendrá
las antenas del alma ya lo saben
cuidemos nuestro último milímetro
antes que el tiempo dé otra voltereta

EL BIEN Y EL MAL

Lenin Jesús Juan XXIII Cervantes
fueron tipos a cuál más macanudo
se convencieron y nos convencieron
de hacer el bien sin mirar a quién

pero el bien es más breve que una rosa
aquí y allá surgen los detractores
que sin pudor empiezan a enseñarnos
a hacer el mal sin mirar a cuál

INSOMNIO

El insomnio mejor / el más sereno
es el que se pasea por las ruinas
tanto las propias como las ajenas

en los escombros hay revelaciones
que acuden en la noche de ojo abierto
con el viejo pudor de las alarmas

en el insomnio irrumpen los silencios
tan elocuentes que parecen voces
escándalo de suertes que se mueven
con su mochila pródiga de edades

están también las alucinaciones
que nos vigilan desde el cielo raso
mientras un resplandor incandescente
nos dice que allá afuera está la vida

pero el insomnio cruento / el que nos sigue
por toda la vigilia somnolienta
es como la bengala de un otoño
sutil que no se apaga ni se inflama

y pese a todo llegará un desvelo
que no terminará al cantar el gallo
será la noche en que es inevitable
la cita del insomnio con la muerte

CAVERNA CON BUJÍA

Uno se va metiendo en la vejez
como en una caverna iluminada
por una sola y cándida bujía
en las paredes hay afiches turbios
trozos insobornables de pasado
itinerarios de últimas gaviotas
alones de cigüeñas que planean

la vejez tiene cuitas olvidadas
que vuelven y revuelven la memoria
a veces trae una fragancia espesa
como si fuera un prólogo del fin

hay un débil dolor imaginario
y otro suplicio intenso y verdadero
el cuerpo se refugia en los alivios
bálsamos y elixires de farmacia

hay rostros muslos ombligos y labios
que vuelven a pasar en la añoranza
y a uno le da tristeza recordarlos
porque han perdido su sabor de origen

claro que a la vejez no llegan todos
muchos la asumen como un largo poema
que se dice después en los insomnios

la vejez como epílogo no tiene
nada de extraordinario / terca y muda
transcurre coja asmática o miope
estrena la calvicie de los sabios
la boca boba de los tarambanas
el dedo índice de los chivatos
y la experiencia de los salvadores
ah vejez bienvenida dice el viejo
sin horarios / basta de obligaciones

uno se va metiendo en la vejez
como en una caverna iluminada
por una sola y cándida bujía
que ojalá por ahora no se acabe

TODO OCURRE

Hay transparencias que empezaron lejos
y por eso la historia se repite
primero fueron hombres luego estatuas
que no les importan ni a los pordioseros

allá lejos lejísimo está marte
y se gastan millones y millones
para saber por fin que está vacío
y nuestros muertos mueren de otras muertes

por ejemplo las cosas son azules
muy poco diáfanas empedernidas
cosas opacas que son contempladas
por ojos que son túneles voraces

queda la edad del cero / esa laguna
en la que nos hundimos mansamente
sin fe sin nadie sin escalofríos
dispuestos a aceptar lo que nos roce

vegetalmente crecen las imágenes
tan transparentes como las de antes
y vemos la impotencia del velero
que se entrega a la noche del tornado

y así todo es lo mismo todo ocurre
como si el viejo sol se hubiera muerto
o como si estuviéramos naciendo
a la vida del mar y al mar de vida

MUNDO ENFERMO

El pobre Dios ya no percibe derechos de
   autor sobre las guerras
ahora son los humanos sobrehumanos los
   que ordenan el fuego
hace tiempo que adquirieron esa
   costumbre tan viril
y se dedican a fabricar huérfanos y
   petróleo

antes sólo asesinaban los tiranos más o
   menos espontáneos
pero ahora también matan los mandatarios
   de Estados Unidos y Gran Bretaña
y hay otros gobernantes democráticamente
   electos
que los apoyan con helicópteros y
   sonrisas

el odio cultivado organiza los duelos con
   coronas de flores y panegíricos
mientras el hambre de los mendigos
   sueña con la gula de los empresarios
el oro sucio y la sangre barata compran
   parcelas en Marte y en el Más Allá

y claro también está el futuro que nos
    espera con las garras abiertas
en tanto que la Madre Iglesia perdona a
    los asesinos religiosos

después de todo es bueno que antes de
    dormirnos
balbuceemos un hurra lo más quedo posible
    y guardemos el ¡ay! para el amanecer

no está mal que entre uno y otro
    estertor
compartamos el deseo propio con el de un
    amado cuerpo contiguo
porque cuando la rabia y el rencor ajenos
    nos acosan
conviene recurrir a las corazonadas
y a los más puros recursos del alma
para así levantar las vallas del amor

AUSENCIAS

Paso por las ausencias
como por una patria
que quedó en el pasado
solitaria y callada
con la memoria en blanco
y los ojos sin lágrimas

paso por esos míos
que animan mi nostalgia
compañeros sencillos
que ahora me hacen falta
penetran en mis sueños
con su locura mansa
y me dicen verdades
con sus viejas palabras

paso por las ausencias
cada una en su nada
una nada que es todo
en mi fe abandonada

la historia de ellas / mía
no se va por las ramas
su lejos está cerca
y su alma que es mi alma
carga con la derrota
en su mochila alada

paso por las ausencias
casi predestinadas
y es una maravilla
al fin recuperarlas

TRISTEZA

La tristeza no es una
maldición sino apenas
una señal de vida

hasta las rosas tienen
sus pétalos cansados
si la noche abandona
su callejón de azules

hasta la luz más tenue
tiene algo que mostrarnos
y la vieja costumbre
de la pena nos une

la tristeza y los blues
se hermanan en el sueño
y cuando despertamos
somos todo nostalgia

si componemos versos
tensos y desolados
el dolor es de nuevo
una suerte de escolta

una señal de vida
eso es la congoja
sin duda porque fuimos
hechos de sentimiento

la tristeza no es una
maldición / es un río
una luz / una nube
un sabor / un deseo

COMO UN GALLO

LA ALEGRÍA

En el archipiélago de la historia
la alegría es la isla sin perdones
las cigüeñas saben reconocerla
pero no siempre oyen su agasajo

la alegría es sabor de la conciencia
y en su mirada suele haber jardines
guarda su primavera hasta en invierno
y eleva sus silencios a la luna

la alegría es una espera de algo
y por ello prepara bienvenidas
tras la lluvia se queda sin tristezas
y su memoria húmeda disfruta

la alegría por lo común es mínima
no se puede abusar de los sosiegos
sabe entenderse con alegres prójimos
y soñar con la paz y otros milagros

la alegría no nace del olvido
ni hay que olvidarla cuando irrumpe el mundo
es poca cosa pero es mucha cosa
y nos sostiene en las encrucijadas

POSIBLES

Si uno descansara de los pobres diablos
de las mezquindades que aportan los solemnes
de las pesadillas con ojos entreabiertos
la vida sería más llevadera
uno podría armar una buena memoria
para que lo esperara en el futuro
y asimismo una ventana abierta
en la que el alma pudiera ventilarse
y los espectros por fin se acobardaran

si uno pudiera imaginar su mínima liturgia
como quien colecciona clemencias y perdones
y repartiera la ayuda que nos queda
entre esperados y desesperados
la vida esquivaría los charcos del dolor
y se amoldaría a un decoro frágil

si uno pudiera desgarrar los odios
hasta que nadie los reconociera
quedándonos tan panchos en la suerte
y tan tranquilos fuera del calvario
la vida empezaría verdaderamente
y uno se atrevería a ser feliz

TAL VEZ ASÍ

El sol nace sin escándalo
con un halo de inocencia
con memoria de otros sures
y un amago de sorpresa

el sosiego bien ganado
y con un amor de veras
y la historia hecha de a poco
sin pecado de soberbia

los encuentros son abrazos
mejores en cada vuelta
y hasta parece mentira
que el tiempo tenga paciencia

el sol se va sin escándalo
con un poco de tristeza
y nos deja una utopía
para soñarla en la fiesta

EXTRAVÍOS

El mundo es una colección de erratas
las exageraciones las reducciones falsas
nos toman casi siempre de sorpresa
digamos explosiones irrisorias
sin heridos ni muertes ni despojos
o el sonido brutal de una campana
que antes desafinaba tan discreta
los pechos rebosantes
de alguna vampiresa jubilada
la cisterna con voz de bandoneón
una axila con olor a jazmines
cierta estrella fugaz que vuela lenta
un corazón que late a borbotones
un gobernante algo distraído
que espicha de estornudo en su despacho
mientras sus fieles mueren allá lejos
un champaña que sabe a té de tilo
un sol que no da sombra
un invierno sudable
un amor que termina en desamor
un odio que se ablanda en la caricia
un punguista que se cree bandolero
y sobre todo un dios que se cree Dios

COMO UN GALLO

No sé por qué ya que no hay motivo
hoy me desperté alegre como un gallo
cierto que hay un sol franco
y que las nubes
parecen de algodón
un helicóptero canta en flamenco
y el viento dulce mueve los olivos
hay miedos limpios y pared por medio
las risas del vecino me contagian
mis manos con memoria de pezones
aplauden sin moverse   como alas
nada ni nadie alude a la muerte
las miradas del prójimo convocan
y mi dolor hoy falta sin aviso
parece que la historia se detuvo
sedienta de remansos y de paz
la alegría admite el desafío
se vuelve sorda para los agravios
y yo hago votos para que mañana
no vuelva la tristeza por sus fueros

EXEQUIAS

Las instrucciones funerarias de los vivos
no siempre son las mismas
hay quienes ordenan que los hagan polvo
y los arrojen en la é de océano

los fetichistas quieren ataúd de roble
para así tocar madera sin patas
hay quienes prefieren meterse en una bolsa
enterrable en profunda mina de carbón
o menos profunda si es de oro

también están los que quieren ser náufragos
sin archipiélago a la vista

en mi caso particular nada de polvo ni cenizas
quisiera terminar bien enterito
sin zapatos of course

y eso sí con un cuaderno espeso
y un buen bolígrafo de tinta azul
ya que siempre he tenido la intención
de escribir un soneto
con estrambote y todo
a la muerte canalla

FIESTA

Cuál es la fiesta arracimada y loca
la que nos dio niñez y juventud
la que nos puso luces en los ojos
y un poco de delirio en la memoria

nunca supe por qué nos estrecharon
esos brazos de todos y de una
ni por qué el tiempo nos armó de alas
y pudimos volar sin rumbo fijo

era fiesta privada / sin hosanna
suerte del corazón / un regocijo
rodaba el mundo con sus cascabeles
y el prójimo de nuevo sonreía

vaya a saber qué azar o qué destino
nos perdonó las dudas vergonzantes
y nos otorga un mágico visado
para encontrarnos con nosotros mismos

ojalá que la fiesta se prolongue
mientras dure la brega cotidiana
y si se acaba no retrocedamos
para anclarnos de nuevo en la tristeza

TRÁNSITO

Hasta los cinco años primigenios
los niños van de a poco desvelando
el mundo desigual que les espera
las pupilas se llenan de colores
y de formas que pueden ser promesas
inauguran pedazos de alegría
y aprenden a llorar por compromiso
ven crímenes e ignoran que lo son
recompensas que nadie ha merecido
lluvias que los empapan tiernamente
ventolinas que barren las mejillas
su pesquisa inicial descubre todo
todo lo guarda para cuando sepa
la incertidumbre es como un cascabel
los pasos vacilantes y primeros
preguntan desde siempre y para siempre
hasta que finalmente algo acontece
la sangre corre y corre por su cuenta
el silencio se quiebra en tres silencios
y un relámpago triste y melancólico
anuncia que la infancia ha terminado

el que fue niño / ése que fue inocente
se siente cómplice de odios subterráneos
de inquinas pobres que ya nadie asume

y de los cuatro puntos cardinales
le llegan bofetadas y herejías
hasta que admite de una vez por todas
que se ha hecho mayor sin darse cuenta

EN PAZ

Me gustaría instalarme en una silla
junto a una noble mesa hecha de roble
para escribir con arrepentimiento
de aquellos sueños que valen la pena
frente a una ventana toda cielo
o con la luna última del año

no pensar en aduanas ni en fronteras
ni en pasaportes sepia ya vencidos
ni en horas de llegada o de salida
ni en montañas de nieve inalcanzable
ni en puentes sobre ríos de agua verde

revisar el pasado por si acaso
se nos quedó un recuerdo descolgado
y no afligirse por estupideces
que ya no sirven ni para negarlas

acomodarme en una buena silla
en plena soledad / pero de paso
evocar el país de la caricia
donde aprendimos a vivir sin lágrimas

REGOCIJO

Antes / si se raspaban dos guijarros
salía una chispa que era la alegría
ahora si se frotan dos pedruzcos
nace un sonido ronco y miserable

la alegría se busca en otro espacio
no importa si de luz o de neblina
viene del corazón o de otra lumbre
con palabras que son como perdones

tiene su propio oxígeno y su gozo
es cálido frugal y bien dispuesto
su euforia es tímida como un asombro
y su gracia es tan sólo una costumbre

la alegría regresa con calandrias
con horneros formales y caseros
llega y se instala en las enredaderas
como si fueran su bulín de siempre

allí confisca un poco de locura
barata y útil para andar de incógnito
y empieza a contagiar sus aleluyas
a los nativos de esta tierra triste

SUR

INSTANTE

El instante es el cruce de dos tiempos
o el cruce de dos rumbos
o el cruce de dos vidas
un cruce en fin
y sin embargo
en un instante cabe un mundo
enorme o tan minúsculo
que acaba en un cerrar de ojos

en el instante se concentran
los sentimientos las alarmas
los vaticinios del futuro
y los sobrantes del olvido

un cruce en fin
un santiamén

SUR

Allá abajo en el sur están mi casa
las huellas de lo bueno
mis dulces enemigos
está la madrugada en que nací
la tristeza la única
que me acaricia como la alegría
está la chispa del primer amor
los árboles de siempre
con su verde agasajo
el poquito de sol en los canteros
los zaguanes con su pareja tibia
y en las noches de corazón abierto
la vía láctea ese techo de luces
que sólo allí nos cubre
hay calles con sus rieles
sin tranvías

nostalgia de los míos que no están
los desaparecieron
sin piedad y con saña
y allí quedaron yertos y sin tumbas
o sólo con las tumbas del olvido

allá abajo en el sur está mi casa
dejándome en insomnios su historieta
sus rosas hablan pétalo por pétalo
y en los muros asoman las verdades

el tiempo ocurre   quiere
la paz sin desperdicio
quiere que reencontremos el abrazo

allá abajo en el sur está mi casa
con su puerta a la espera
de mi llave

PÁLPITO

Sin entusiasmo pero con firmeza
alguien nos salvará del desamparo
el socorro puede venir del sur
y porquenó del norte desabrido
el momento del mundo no es de gloria
y es comprensible que la gente llore
yo mismo tengo lágrimas
a mi disposición
pero el hartazgo no va a ser eterno
cada noche que pasa ofrece un cielo
cada siesta con sol propone calma
cada pájaro / vuela que te vuela
nos pone a punto la melancolía

no importa que el candor se nos marchite
o que el dolor nos llene la memoria
siempre habrá un paso breve que conduce
al huerto del amor el esperado
y una nostalgia para el corazón
sin la torva desdicha agazapada
no somos tan sabihondos como para
creernos lo mejor o lo peor

llegan alivios desde el horizonte
voces que ya no están
otras que vuelven
el tiempo se detiene a perdonarnos

el sosiego se encuentra con el alma
todo mejorará / no caben dudas
alguien nos salvará del desamparo
y si nadie nos salva pues entonces
habrá que hacerlo con las propias ganas

SOLEDADES

La soledad puede ser un deseo
y en ocasiones una penitencia
o una isla con náufrago y sin árboles
con un mar que le entrega su resaca
y una arena tan limpia como estéril

la soledad esa prisión buscada
tiene visiones que son telarañas
y en las paredes sabe que hay señales
que la ponen al día / o a la noche

la soledad con añoranza tiene
capítulos de penas insondables
y sin embargo extrañamente goza
de un aislamiento que no tiene bordes

la soledad es un testigo mudo
de lejanas y ajenas multitudes
de culpas semejantes a la suya
de prójimos no menos solitarios

pero no hay soledades vitalicias
más tarde o más temprano no se aguantan
y se abren en abrazos donde caben
amores y paisajes y fervores

ALMARIO

A veces guardo el alma en el almario
porque me condiciona su inocencia
y tengo asuntos varios entre manos
que deben barajarse con astucia

yo sé que el alma sufre esos rigores
pero qué voy a hacer / la vida manda
y hay problemas domésticos y públicos
que deben enfrentarse sin perdones

cuando por fin la saco del almario
con sus alas más bien alicaídas
pálida como nunca me contempla
con tristeza y un poco de rencor

PALABRAS

Las palabras renacen viven mueren
sirven para las clásicas bondades
divulgan las calumnias más prolijas
redactan obras imperecederas
o sentencias de muerte cuando cuadre

palabras hay en toda bienvenida
o en las incógnitas de los adioses

trasmiten sin problemas la ternura
y el hastío y su abulia vertebrada
dicen lo que decir alguien ordena

son dúctiles surtidas obedientes
en su trazado llevan el alivio
y la provocación anticipada

conocen las falacias de los himnos
la ortografía de los sinsabores
y la canción de los menesterosos

las palabras son dueñas del espacio
pero también esclavas de los necios
tienen la impavidez de los que mandan
pero también en ellas se sostiene
el corazón de las transformaciones

CANAS

Cana en europa es el cabello blanco
la cana allá en el sur es policía
en madrid un canoso es un experto
pero un canoso puede en buenos aires
caer en cana como cualquier rubio

alguna que otra cana sobreviene
como una asesoría del espejo
pero si uno está en cana está perdido
y ni siquiera hay un espejo a mano

ojo con los canosos que se tiñen
para adquirir aspecto de ministros
o los que lucen la peluca cana
que el domingo compraron en la feria

en cambio abajo cuando algún ratero
o delincuente de cualquier calaña
comete su delito y se distrae
el comisario no le mira el pelo

esta canita nueva que he encontrado
en la patilla izquierda me conmueve
no cabe duda / soy tan vejestorio
como los ganapanes jubilados

CULPA

Culpa en flagrante / cuerpo del delito
dónde está la inocencia mancillada
los perdones huyeron sin consulta
y el corazón ajeno a lo que pasa

lástima esta agachada del coraje
el tímido y grotesco paso en falso
saberse en una sombra sin disculpa
y recibir adioses defraudados

la culpa es una huella que se esconde
debajo de una máscara decente
pero suele caer alguna lluvia
y la culpa lavada es la de siempre

SONETO CREPUSCULAR

Crepúsculo es un trazo de ironía
donde se juntan sol ocaso y noche
no es una transición / es un reproche
y no le falta un tris de brujería

crepúsculo es un filo de utopía
donde lo oscuro medra a trochemoche
hay mucha sombra pero no hay derroche
tan sólo un poco de melancolía

el mundo es un crepúsculo que rueda
nos pone en duda y nos atemoriza
cuando se apaga es poco lo que queda

y aunque el futuro nunca tiene prisa
no siempre paga con igual moneda
y el último crepúsculo es ceniza

MEMORIA

De todas las estampas que ahora acuden
la que me duele más es la de un río
que se iba despacito bajo el puente
y como un hijo pródigo volvía

pero también me duele un parque espeso
que era casi una fronda abandonada
con huellas retiradas de servicio
que entraban en cavernas de otro tiempo

allí jugábamos con nuestros pánicos
que estaban en el borde del coraje
éramos niños y no lo sabíamos
nos creíamos sólo bandoleros

de todas las estampas que ahora acuden
la que más me sorprende es una sombra
que se me anticipaba como un prólogo
mientras el viejo sol lo permitía
por último de todos los deslumbres
me reconozco en una franja de humo
que me guiaba como una nostalgia
al territorio de mis pesadillas

SOBREVIVIENTES

Cada día somos sobrevivientes
llegados en el humo de la víspera
dejamos los fantasmas
durmiendo en el error
y soñando una infancia
invisible y lejana

en la vigilia llueve mientras tanto
y los esclavos prójimos se nublan
entre barrotes y cortinas de agua

la mismísima calva brilla y brilla
y el manso corazón ya no palpita
lo importante es mirar detrás del vidrio
con los ojos abiertos como un lince

si uno ríe sin nadie huye el espanto
las boticas de turno lo protegen
le dan una aspirina para niños
y lo dejan perplejo en la vereda

me encuentro con los jóvenes de antes
o sea los vetustos de ahora (siamo noi)
los creyentes de nuevo se condenan
mientras que los ateos se conforman
con su ocio animal

las callejas se llenan de zaguanes
y los zaguanes de melancolía
todos piensan pensamos pensaréis
que el tiempo es una trampa de hace tiempo

en el fondo del río transparente
nada el futuro y nadan los delfines
en la orilla las ramas se abanican
y hacen luz y hacen sombra en un susurro

cada hoja lleva un otoño al dorso
y una felicidad que ya es cenizas
todos esperan todos esperamos
y es mejor que la espera no culmine
la paciencia es la sola garantía
para que vivan los sobrevivientes

NOCHE

Me sorprende esta noche sin cielo
sin relámpagos ni estrellas inmóviles
podría definirla como un pozo volátil
tan oscuro que embosca hasta el alma

mis manos no son mías porque yo no las
    veo
el prójimo no existe aunque oigo su
    resuello
y si gozo un desnudo es porque lo imagino

oscura está oscurísima esta noche sin
    cielo
quizá allá viva un árbol o un azar de
    retama
en noches como ésta se borra el horizonte
sólo cunde la nada / kilómetros de nada

el río sufre y viaja desde el cero hasta
    el mar
y al trueno lejano que dice su presencia
la respuesta nocturna es un silencio
    unánime

menos mal menos mal que esta noche sin
    cielo
más oscura que nunca en su pozo volátil
desorienta a la muerte / esa vieja
    implacable

LUGARES COMUNES

HURTOS

A medida que el tiempo te rodea
te vas acostumbrando a que te roben
digamos tu mejor melancolía
el firulete de tu curiosidad
tu borrador de amor correspondido
tu vocación de abismo / tu homenaje
a lo desconocido en polvareda
a medida que el tiempo te rodea
te deslumbras hasta quedar sin alas
tu corazón tiene un latido pálido
y el mar azul te llega sin espuma
te roban los penúltimos claveles
tu pedazo de luna dolorida
de tu ghetto los vanos transparentes
el sortilegio inmóvil de tu aurora
y las hembras que vienen del espejo
te roban el sudor la brizna el trago
las esperanzas / su faena estéril
y cuando ya creías que era todo
te roban el futuro y sus harapos

TODAS MENOS UNA

En todas las esquinas de la vida
en todas menos una
hay un puñal que espera
por suerte casi siempre es delatado
por el brillo indecente de su filo

en todas menos una
digamos en la ochava del amor
allí el puñal se esconde en el invierno
tiene vergüenza de que lo denuncien
los que aman y los que se desaman

en todas menos una
porque la noche propia / la salobre
cambia las pesadillas en ensueños
nadie muere de susto por lo tanto
por lo tantísimo se sobrevive

en todas menos una
tendremos que cambiarla en menos dos
de modo que el puñal se desoriente
y se esconda también en primavera

QUIÉN SABE

Quién sabe dónde acaba el mundo nuestro
este pozo de dudas y temores
somos un diapasón de soledades
una urna de amargos desafíos

vamos de piedra en nuestro carromato
buscando otro paisaje otro mañana
pero todo es lo mismo / no creemos
en asunciones sobrenaturales

por nuestra almohada pasa el sueño
parabólico de inseguridades
ya ni nos atrevemos con los párpados
los dejamos caer como telones

vamos de piedra en busca de futuro
ignorando los llanos y las cumbres
y dejando una huella de tristeza
en la esquina más ángela del alma

quién sabe dónde acaba el infinito
en qué aglomeración de las quimeras
la verdad es que todo lo ignoramos
y por eso vivimos otro poco

ESPEJISMO

De pronto el mundo se volvió otro mundo
puso una maravilla en el tapete
un corazón vecino que sabía
cómo amar sin peligro y ser amado
árboles de hojas tiernas que miraban
a las cigüeñas siempre bienvenidas
y una nube estrenada en algodón
que se asomaba entre dos rascacielos

otro mundo tan nuevo y tan extraño
con un amago de felicidad
y un sabor dulce que se inauguraba
en el aire tranquilo y jubiloso

nadie sabía dónde había empezado
qué buenas nuevas le hicieron de puente
por qué nadie lo tuvo en sus augurios
y se quedó a gozar y ser gozado

ah pero en un abrir y cerrar de ojos
todo cambió / la realidad huraña
canceló el espejismo para siempre
y el mundo viejo impuso su tristeza

CIELOS

Todos los cielos son un mismo cielo
que se cae en los mares y se ahoga
o no se ahoga y vuelve con las olas
pero entonces sin nubes sin estrellas

todos los cielos son un mismo espejo
que refleja paisajes empañados
por sentimientos de cualquier calaña
o por miradas que ya no interrogan

todos los cielos son un cielo raso
con una luna o lámpara marchita
con un sol de fogata sin destino
con el sucio algodón de nubarrones

los de abajo se miran y lo miran
cansados de esa bóveda barata
que a veces deja lluvias en los campos
o rayos enviados por la muerte

el cielo que transcurre sobre todos
es el mismo de ayer y de hace siglos
si el futuro lo espera entre los árboles
nosotros esperamos el futuro

LUGARES COMUNES

Los lugares comunes son espacios
que cultivan el tiempo y los etcéteras
no tienen fe / no son originales
y arrastran tedios que ya son perpetuos

son una suerte de follaje umbrío
y a la vez espinoso y sin laureles
no llegan nunca a ser melancolía
y su pasaje no le importa a nadie

los lugares comunes duran poco
quizá porque en el fondo no interesan
ni a los malvados ni a los bondadosos
y no son testimonio ni presagio

sin embargo hay lugares tan comunes
que se convierten en extraordinarios
porque vienen de un mundo abandonado
y les asombra entrar en la esperanza

LO DESCONOCIDO

En lo desconocido hay tanto enigma
tanto hermetismo tanta interrogante
que cuando se revela es gota a gota

a través de la niebla nos contempla
y ofrece su catálogo del hambre
queda a trasmano lo desconocido
de toda indagación o profecía

cuando abre su memoria nos deslumbra
porque no olvida nada / ni las fiestas
ni los estragos ni las hecatombes
lo desconocido ese dios opaco
hacedor de minucias y la nada
no quiere devoción ni quiere culto
les mueve la baldosa a los de arriba
y por si acaso vela a los de abajo

tiene sus ritos lo desconocido
a veces arrincona al corazón
y otras veces nos mueve las entrañas

desolador o sorpresivo pasa
dejándonos el alma en la taberna

JURAR

Digno y grave juraste por tu dios
que jamás te quedaste con lo ajeno
que nunca fuiste infiel a tus patrones
y mucho menos a tu mujercita

juraste por tu cielo despejado
por la virginidad de tus ideales
por tu calvario como penitente
por tu disposición al sacrificio

juraste por tu alma y por tu calma
por la sinceridad de tus asombros
por todo el santoral del almanaque
antes de confesar que eras perjuro

SOMBRA

Mi sombra es una parte de mí mismo
tan opaca como mis desazones
tan taciturna como mis fracasos
indefinida como mi esperanza

es esclava del sol / sin él no existe
a veces me precede y otras veces
me sigue mansa y dócil como un perro
sombra amorosa sombra odiada / imagen

insensible como cuerpo sin alma
anuncio de mis pasos vacilantes
prolongación oscura y sin lenguaje
de lo que fui este hoy / por dónde anduve

después de todo sombra es garantía
de que la vida es una gracia móvil
el día que arda el sol y no haya sombra
será que el tiempo nos ha abandonado

SONETO ALELUYA

En ciertos arrabales de la pena
suele brotar un poco de alegría
sin carcajadas sin algarabía
tan sólo con la gloria de la buena

el niño es el primero que la estrena
porque está lejos de la hipocresía
lo divierten los tránsitos del día
y jugar es su máxima faena

las hojas de los árboles altivos
esperan que la lluvia los sazone
y la promesa del verano estalle

el dolor se ha quedado sin motivos
y espera que la vida lo perdone
cuando el canto se adueñe de la calle

MADRIGUERA

Suelo vivir de angustias cada vez más
   inútiles
y añoro aquellos crímenes que no he cometido
es difícil curarse de nostalgias febriles
y de esperanzas que no perdonaron

ciertos ojos me juzgan sin disculpa
y yo cierro los párpados
para quedarme a solas
en la mazmorrita de mi buena conciencia

en mi pasado hubo abrazos de todos
y en mi futuro en cambio
habrá pozos de nadie

la muerte emerge en cada pedacito de vida
nos acaricia el lomo y se va por un rato
de todas maneras se ha vuelto liviana
la certidumbre en la vieja mochila

los espejos devuelven los desnudos
cada vez más sumisos y prohibidos
todavía me falta aprender a llorar
y mientras tanto organizo mi pena

de pronto comparece la alegría
como un intruso dulce y bienvenido
y el corazón se nos hincha de orgullo
como un pájaro que aprende a volar

con qué rancio sabor nos engañamos
y hablamos de la muerte de los otros
como si transcurrieran tan ajenas
y tan lejanas como el horizonte

después de todo es bueno acostumbrarse
a los delirios menos sospechosos
y hay que archivarlos en la madriguera
junto con el candor de la alegría

CONCIENCIA

Limpia dúctil agónica severa
la conciencia es un nudo de pasiones
nadie puede con ella y sus razones
libre terrena rigurosa entera

pulcra mordiente higiénica certera
a veces algo huraña y sin perdones
la conciencia se esconde en sus rincones
porfiada irrepetible misionera

impiadosa sagrada indefinida
segurísima espléndida consciente
sus adioses son una bienvenida

convicta improvisada transparente
en cada alrededor y en cada vida
la conciencia es un cielo diferente

OTOÑO

El otoño tiene el color del universo
que es como decir el color del infinito

cuando el almanaque marca el fin del
      otoño
somos tan ingenuos que lo creemos
pero el otoño no termina nunca
el invierno la primavera y el verano
son apenas estados del otoño

las gaviotas los sauces y los delfines
son arterias otoñales
que transportan o acogen el dolor
pero cuando el otoño se instala
en la vida del hombre
la muerte otoñalísima se consolida
y las lluvias otoñales limpian el olvido

UNIVERSO

El universo rueda sin memoria
sin pausa sin querencia sin ensueños
descarta sin reparos los perdones
y se solaza con la muerte a cuestas

su rocío son puños de ceniza
le quita al pobre aire sus palomas
no nos deja mirar en lontananza
ni buscar melancólicos recuerdos

rompe asimismo vidrios azogados
para que no podamos ni siquiera
ver cómo fuimos somos y seremos
en la maraña inútil de los días

lo miro transcurrir de siempre en siempre
y no me importa ni un solo comino
hasta los campanarios lo persiguen
con un dejo de burla en sus redobles

trata de amedrentarnos cuando pasa
con su vieja almadía de ataúdes
pero ya nos aburre con su nieve
con su canícula o sus vendavales

rodando seguirá no cabe duda
con dioses o demonios o con nada
su follaje de siglos y de siglas
tiene poco de gloria o de misterio

chau universo / mundo martingala
los que te crean y te creen son nadie
somos felices lejos de tus huellas
bajo la lluvia azul de la alegría

BAGATELAS

A mi hermano Raúl

BAGATELAS

Por distintas razones, los asmáticos y los murciélagos ya no fuman como antes.

* * *

La lluvia sobre el mar es una redundancia.

* * *

Las hormigas trabajan sin cesar porque no tienen sindicato.

* * *

En la M conviven mariposas, mendigos, mercados, modas, monólogos, mosquitos y Mozart. Cuando intuyo que se acerca la Muerte, salto con la garrocha hasta la N.

* * *

Los árboles no sólo sirven para leña. Sirven además como intervalos de los pájaros cansados. Y si son genealógicos, como follaje de los tatarabuelos.

* * *

Pobre señor. El pulgar de su mano derecha era tan ancho que daba un poco de asco. Por suerte, el tipo halló un especialista que le pulió tanto y tanto aquella hipertrofia, que la mano derecha le quedó con dos meñiques.

* * *

El cangrejo camina de costado sólo para ser la excepción que lo enorgullece.

* * *

Cuando descubren que cabeceo, las pesadillas hacen cola.

* * *

Mi enemigo me reconoció en el acto. Vino corriendo y me dio un apretado y cordial abrazo. "Qué bueno encontrarte", me dijo en un murmullo, "ya me estaba quedando sin odios".

* * *

La noche de los ciegos es la única de veras. La de los videntes es una burda imitación.

* * *

Hay amplios ventanales para juzgar el pasado, pero sólo angostas rendijas para adivinar el futuro.

* * *

Cuando tus ojos verdes se detienen a mirarlos, los jardines florecen alegremente. En cambio, si los que miran son ojos grises, los crisantemos y las rosas se desorientan.

* * *

Mis alergias son pocas pero respetables. Soy alérgico a la nuez, a las polvaredas, a las deslealtades, a la hipocresía, al presidente Bush.

* * *

Azahar con h es la flor del naranjo. Sin h es el destino, la carambola, la chiripa. Por favor, devuélvannos la h.

* * *

¿Cómo no se les ha ocurrido a los dioses que la muerte sea una lluvia de alegría, una suerte de amor, un pajarito del olvido?

* * *

Hoy amanecimos lavados por la lluvia y nos asombró vernos tan limpios, sin odios, sin rencores, sin caca de pajaritos, sin nostalgias muertas de hambre, sin basura. Ojalá que mañana llueva torrencialmente.

* * *

La mejor venganza contra la venganza es el perdón.

* * *

La mentira más sincera es la que usamos al elogiarnos.

* * *

Ninguna guerra empieza mientras la religión no la bendice.

* * *

Por lo general, a los viejos les quedan más lágrimas que dientes.

* * *

La euforia es el más hermoso latifundio del alma.

* * *

Los críticos más severos sostienen que las cartas de Flaubert son mucho más valiosas que sus novelas. De ahora en adelante, me esmeraré en mi correspondencia.

* * *

La virginidad se mantiene por vocación o por equivocación.

* * *

Después del amén viene siempre una posdata.

* * *

Juntando mentira tras mentira se puede llegar a una verdad un poco frágil, pero sobre todo a juntar dinero.

* * *

No hay monólogo que no acabe en el hastío.

* * *

El exilio es el aprendizaje de la vergüenza. El desexilio, una provincia de la melancolía.

* * *

El amor deja cicatrices; el odio, sólo costurones.

* * *

Yo nunca podría coleccionar mariposas porque siempre me parecieron pedacitos de alma.

* * *

El aburrimiento de los niños suele aplacarse con juguetes. En cambio, el de los viejos sólo se calma cuando recorren en el periódico los obituarios cotidianos.

* * *

A veces somos tan delicadamente urbanos, que proferimos los insultos en endecasílabos.

* * *

En los agostos madrileños hace a veces tanto y tan sofocante calor que los autodidactas aprenden a derretirse.

* * *

La felicidad no se consolida si no pasa antes por la tristeza.

* * *

El cero a la derecha junta millones. El cero a la izquierda funda utopías.

* * *

Allá en mi lejana infancia, cuando los niños llorábamos a coro, una tía vieja tranquilizaba a la familia: "No se preocupen: están jugando a los féretros unidos".

* * *

Ayer en el Zoo vi al pobre león enjaulado. ¿Cuál será mi propia jaula? ¿Los prejuicios, tal vez?

* * *

A través de los siglos, la poesía siempre es la misma. Lo que cambia es el estilo de la repetición.

* * *

Abrir un paréntesis en el amor siempre es peligroso, porque nunca se sabe cuándo se cierra.

* * *

Cuando se pierde un examen de conciencia, no hay reválida.

* * *

Las prostitutas católicas cantan hosannas a la virginidad.

* * *

Los gobernantes son mendigos de lujo.

* * *

Entre Jesús y sus crucificados contiguos se estableció una relación tan fraternal que a veces lloraban juntos y otras veces se burlaban alegremente de Pilatos.

* * *

Cuando Proust salió en busca del tiempo perdido, se enteró (un poco tarde) de que Stendhal ya lo había encontrado.

* * *

Pavese analizó tantas motivaciones sobre el suicidio, que al final, ya convencido, no tuvo más remedio que suicidarse.

* * *

Carta abierta al enemigo: "Hola".

* * *

En las mentiras piadosas suele haber más mentira que piedad.

* * *

Dijo: No moriré. Y era la Muerte.

* * *

El tango es un abrazo destinado a medir la orografía de dos cuerpos.

* * *

Cuando los odios andan sueltos, uno ama en defensa propia.

* * *

Enigmas de la viceversa: no sé si mi mano tiene la forma de tu pecho, o si tu pecho tiene la forma de mi mano. Qué importa ¿no?

* * *

Los enanos son especialistas en el ombligo de las modelos.

* * *

Los pobres copulan, los ricos fornican. Los toros y las vacas no precisan sinónimos.

* * *

El bostezo es una opinión.

* * *

252

Los extremos se tocan, sobre todo con las extremas.

* * *

Cuando el cuervo de Poe aprendió a decir: "Nunca más", nunca más pudo volar.

* * *

Los políticos suelen incurrir en adulterios ideológicos.

* * *

Los peines para calvos ya no se usan.

* * *

No hay Marx que por bien no venga.

* * *

La inocencia es un oasis. Ya quedan pocos.

* * *

El anonimato es el escudo de los pusilánimes.

* * *

Ante una mujer descalza, el cuerpo pasa a ser una dulce conjetura. Falta saber si se confirma.

* * *

El amor es un anzuelo. O dos.

* * *

El búho y la búha nunca se miran.

* * *

Los gobiernos suelen tambalearse cuando se quedan sin alcahuetes.

* * *

En el velorio del millonario, los deudos lloran a carcajadas.

* * *

Al menos por ahora, no hay oftalmólogo que cure el mal de ojo.

* * *

La envidia es una forma de cirrosis.

* * *

El telón es el párpado del escenario.

* * *

La fe fenece.

* * *

El caracol anda siempre con su patria a cuestas.

* * *

El ave del paraíso no vuela nunca sobre el purgatorio.

* * *

Al erizo se le pusieron los nervios de punta.

* * *

El derecho civil más importante es el derecho al pataleo.

* * *

Gracias al viejo dicho de que lo pague el culo del fraile, fue incorporado el bidet en los monasterios.

* * *

Yo tenía la llave de tu corazón. Vaya a saber dónde la puse.

* * *

Los Bancos cierran los domingos para contar sus moneditas.

* * *

Los centinelas no se duermen nunca, salvo cuando están de guardia.

* * *

Epitafio alemán: Ich bleibe hier. Auf Wiedersehen.

* * *

La tortuga siempre ha sido un símbolo. ¿De qué?

* * *

El elefante es bicho de mal genio. Siempre está de trompa.

* * *

Si el adiós suena a chau, sé que estoy en mi tierra.

* * *

De todo el santoral, me quedo con San Antonio, Santiamén y Sanseacabó.

* * *

Siempre me angustia un poco el desconcierto de violín y orquesta.

* * *

Hay cronistas que se solazan con la basura de los imperios. Otros hacen sonetos.

* * *

Los párvulos sonríen porque no saben lo que les espera.

* * *

EXISTIR TODAVÍA
(2004)

Como siempre, a Luz,
esta vez con 57 años
de buena unión

83 POEMAS/AÑOS

Los años son un pozo de memorias
hilachas de odio / lindas plenitudes
franjas de olvido ya convalecientes
hendijas de un amor como cualquiera
miedos justificados y benignos

son años con impactos en la nuca
con la envidia aportando mezquindades
pero también con la buenaventura
de los amigos fieles como siempre

83 en los que imperturbable
el mundo ha dado vueltas sin clemencia
acaso merecimos el destino
de escuchar los gemidos y canciones
de los que pasan y los que se quedan
a morir y también sobrevivir

por eso encaja un poema en cada año
83 por sólo 83
un sencillo tributo que me ofrezco
haciéndome el incauto por si acaso
la parca desde lejos me hace un guiño

PRÓJIMOS

HORIZONTE

El horizonte mudo está tan lejos
que nadie sabe y menos imagina
dónde comienza y dónde se termina
esa línea desnuda y sin reflejos

su franja no aparece en los espejos
y en el sueño ella sola se elimina
pero cuando amanece en su rutina
asombra a los infantes y a los viejos

no hay final a elegir en esta historia
y es inútil que el ánimo se apronte
no hay milagros tras esa divisoria

es mejor admitirlo es una suerte
que esté tan lejos ya que el horizonte
es la frontera eterna de la muerte

PERDONES

Como pájaros vuelan los perdones
dispuestos a posarse dondequiera
abajo hay pecadores a la espera
de la clemencia con o sin razones

hay quien guarda su culpa entre algodones
y hay quien la exhibe pobre y lastimera
hay quien la muestra sólo en primavera
o la incluye en devotas oraciones

ya los perdones vuelan con desgano
empalagados hartos aburridos
quisieran exculpar pero es en vano

guiados por el séptimo sentido
del perdón más antiguo / el veterano
como pájaros vuelven a sus nidos

MENDIGO

Mendigo ¿qué miseria de artificio
es la que llevas en tu mano abierta?
¿tu indigencia es un pleito? ¿es un alerta?
¿un signo acusatorio? ¿un maleficio?

para ti mendigar es un oficio
y cada vez que te abren una puerta
tu mano no es un ruego / es una oferta
y el dador es un santo en ejercicio

tu facha tiene flecos de payaso
y aunque estés orgulloso de tu ruina
tu escrúpulo de ser es tan escaso

que tu oración se vuelve clandestina
pero miras el cielo por si acaso
el de arriba te suelta una propina

LA VEJEZ

La vejez se ha olvidado del olvido
y por eso se arrima a la memoria
la vejez suele ser obligatoria
y sin embargo es tierna como un nido

el corazón afloja su latido
y la sangre da vueltas en su noria
de paso se entretiene con la historia
y el amor no está insomne ni dormido

lo que falta vivir ya no encandila
no importan escaseces ni abundancias
el Dios que vigilaba no vigila

los años van borrando las distancias
y ya que la conciencia está tranquila
la vejez guarda dos o tres infancias

LLUVIA

La lluvia está cansada de llover
yo / cansado de verla en mi ventana
es como si lavara las promesas
y el goce de vivir y la esperanza

la lluvia que acribilla los silencios
es un telón sin tiempo y sin colores
y a tal punto oscurece los espacios
que puede confundirse con la noche

ojalá que el sagrado manantial
aburrido suspenda el manso riego
y gracias a la brisa nos sequemos
a la espera del próximo aguacero

lo extraño es que no sólo llueve afuera
otra lluvia enigmática y sin agua
nos toma de sorpresa / y de sorpresa
llueve en el corazón / llueve en el alma

INFANCIAS

La infancia nace peligrosamente
por eso es un termómetro fiable
hay niños que atraviesan azoteas
otros que se persiguen en los parques
esbozan fintas con la pelota y gol
o dibujan y borran y dibujan
tocan el culo a la compañerita
y besan a la madre antes del sueño
pero también hay niños demacrados
escuálidos desnudos ignorantes
que caminan hambrientos sobre el barro
huérfanos que tropiezan con el mundo
niños que nacen muertos o que viven
para morirse en la primera esquina
plaga a la que no alivian caridades
esa infancia es la vergüenza del poder

POEMAS

Son a menudo cicatrices
de acechos burlas garabatos
vienen con un silencio a cuestas
llenos de polvo o de guijarros

no obstante en ellos va la vida
la fiel historia tramo a tramo
con los derrumbes y rescates
a beneficio de inventario

la humanidad tan desgarrada
va atravesando los espacios
la poesía la acompaña
coleccionando los milagros

frágil lenguaje de llanuras
que también rige allá en lo alto
y por lo menos nos engaña
con un futuro imaginario

PALABRA

La palabra es poder y no poder
una adarga o una ofensa loca
puede elevarse sobre las miserias
o ser también una miseria crónica

puede sonar en mansa compañía
o aparecer atribulada y sola
erigirse en la voz de los más sabios
o ser un pobre eco de las otras

si la palabra calla en pleno invierno
es porque en el verano se desborda
y si en otoño cae en voces secas
es porque en primavera dice rosas

la palabra es de todos y es de nadie
acierta a veces y otras se equivoca
pero cuando enmudece nos quedamos
perdidos en la jungla de las cosas

EL RÍO

No se sabe de dónde viene el río
con su capa de verdes y de azules
vecino permanente de los bosques
y espejo de las nubes

enormes y pequeños y leales
los peces acompañan su agua dulce
pasan bajo los puentes de otra época
que ya no tienen luces

un arroyito que aprovecha el paso
agrega sus marrones y su mugre
pero el río se frota en las orillas
y se limpia y no sufre

no se sabe de dónde viene el río
sí sabemos que el viejo mar lo asume
generoso y antiguo como siempre
con sus verdes y azules

ÁRBOL

Árbol de pájaros ensimismados
cada uno en su rama y en su frío
árbol que se estremece en el crepúsculo
y sueña con las calmas del estío

árbol verde de hojas y de ojos
árbol blanco de luna y de su rito
que desespera y que de nuevo espera
con sus ramas abiertas al rocío

árbol que sobrevive al rayo odioso
y cuando llueve / húmedo testigo
parece que sus brotes fueran fuentes
que devolvieran lágrimas al río

árbol alegre cuando entrega frutos
o se alza hasta el cielo vespertino
pero lo cierto es que está allí sereno
y siempre es compañero del camino

LEJOS

Todo queda tan lejos
tan triste tan aislado
el ayer postergado
la luna en los espejos

digamos que la infancia
olvidada que olvida
nos da un poco de vida
sólo en última instancia

hasta el amor primero
sufre en la desmemoria
y el resto de la historia
se queda en el tintero

la distancia es un rito
que se acorta o se alarga
deliciosa o amarga
llega hasta el infinito

todo queda tan lejos
tan lejos las señales
que en tiempo de chavales
nos sentimos ya viejos

PRÓJIMOS

La religión puede ser ciega cuando
impone amar al prójimo como si todos
fuéramos cortados por igual tijera
vamos a ver / amar al prójimo / ¿a qué prójimo?
¿al abnegado generoso solidario?
¿o al que nos inyecta el virus del odio?
¿al que desde lejos nos tiende ayuda?
¿o al que mata sonriente y sin pudor
de a uno de a miles de a millones?
mi prójimo de siempre mi fulano
nos abre el corazón sin poner precio
y nos ayuda sin remordimientos
el otro prójimo no es próximo / es un léjimo
baquiano en conducirnos por los viejos
y nuevos laberintos de la muerte
y cuando mata y mata y mata
lo hace en nombre de un dios o de la mierda
¿amar al prójimo? ¿a qué prójimo?
sólo me entiendo con el mío

OCASO Y ALBA

Como me pierdo en el ocaso
prefiero hallarme con el alba
nada es revelación / todo es sorpresa
es bueno preservar el horizonte
ya sabemos que es inescrutable
no está de más ser parco
frente a esa línea fantasmal y única

me gustaría inventar otra nostalgia
que ésta de castigos y rencores
saber leer en las olas
en cada lluvia en cada limo
en cada amago de locura
que se nos mete hasta en los huesos

tienen su historia los ocasos
cuando hasta el sol se va y no vuelve
tiene su historia la alborada
cuando la luz nos hace nuevos
nada es revelación / todo es sorpresa
y así aprendemos que el milagro
es un capítulo del alma

ANTES Y AHORA

VOZ DE UN SUFRIDO

Por fin vamos armando la conciencia
de que somos un haz de derrotados
unos con su mochila de infortunios
otros con su muestrario de fracasos

los poderosos cumplen su faena
la carga del dinero los ahoga
la desgracia que siembran no los calma
son patriarcas del hambre contagiosa

no mienten con sus féretros de lujo
su resguardo de muerte no es distinto
del de los niños pobres / en el hoyo
hay esqueletos y hay esqueletitos

la derrota nos hace mayoría
que acusa desde abajo a los del puente
tan sólo nos mantiene la esperanza
de reventarlos o de que revienten

UNIVERSO

El universo cabe en tres palabras
digamos piojo pulga o gusarapo
es la verdad silvestre / projimíos /
vos y yo somos sus reflejos pálidos

quién sabe qué bacterias trae el aire
o si la patria es gleba de mentira
tan sólo el mar tiene un sabor extraño
que ahoga las tristezas y alegrías

el mundo es ancho para los que estamos
en un centímetro de primavera
pero es angosto para los inermes
en redes invisibles que se sueñan

el universo es un abrazo inútil
un cerco que al final nos estrangula
y a pesar de que todos lo respetan
es una nada sucia

ESTA AVENTURA

¿A qué tantos misiles y matagatos
tanta globalización tanta amenaza
tanto ocultismo y hechicerías
tanta pugna por el poder y el oro
si somos o fuimos o seremos un piojo
del universo trivial y bizantino?

si gobiernan los dignos malhechores
la desesperación de nada sirve
todos pisamos las baldosas flojas
los asesinos los asesinados

es cierto que allá lejos
sobrevive una rosa
que es rosa y esperanza
pero aquí cerca hay hierbas
que eran prometedoramente verdes
y fueron rotas por la sabiduría

cuando los mafiosos sacan pecho
hasta dejarnos sin melancolía
cuando los santos se corrompen

y el pobre cristo dice amén
el corazón y las arañas
y las lombrices y el cerebro
quedan pasmados y no saben
a quien o a quienes encomendarse

despacio despacito crece el rencor
sobre el rocío o en la oscuridad
pero no sirve / sus escamas
y sus jactancias y sus tirrias
quedan inválidas y al borde
del disparate o del abismo

la pobre vida es aventura
la buena muerte es recompensa
mientras vivimos a duras penas
al fin nos vamos enterando
que estamos solos solos solos

A GWB

Cuando el mundo se acabe por sorpresa
y no esté tan a mano el infinito
y no sirvan la súplica ni el grito
y el cielo se nos quede sin promesa

si todo el que se fue ya no regresa
y nadie asume el hambre como un rito
los muertos ya no tienen apetito
y los niños se mueren de tristeza

si llegan esa noche y ese día
en un orbe de veras liquidado
sin azar sin milagro y sin destino

en la Casa tan Blanca y tan vacía
usted perdurará tan despiadado
tan necio como siempre y tan mezquino

AGUAS

Dicen que el agua será imprescindible
mucho más necesaria que el petróleo
los imperios de siempre por lo tanto
nos robarán el agua a borbotones
los regalos de boda serán grifos
agua darán los lauros de poesía
el nobel brindará una catarata
y en la bolsa cotizarán las lluvias
los jubilados cobrarán goteras
los millonarios dueños del diluvio
venderán lágrimas al por mayor
un capital se medirá por litros
cada empresa tendrá su remolino
su laguna prohibida a los foráneos
su museo de lodos prestigiosos
sus postales de nieve y de rocíos
y nosotros los pálidos sedientos
con la lengua reseca brindaremos
con el agua on the rocks

ANTES Y AHORA

Antes / qué cosa / éramos valientes
en cambio ahora el miedo no se esconde
ayer vibrábamos con la esperanza
hoy nos agobian las preocupaciones

un poder único nos globaliza
con los crispados ojos nos miramos
la paz es ya retórica perdida
y el orden nos convoca pero en vano

qué sucio azar nos lleva al sacrificio
serán jehová o alá o el padre nuestro
que aunque pregonan el amor al prójimo
bendicen guerras en todos los tiempos

o seremos nosotros los culpables
que perdonamos a los fariseos
aunque los poderosos nos respondan
con su soberbia colección de muertos

HUESTE

Esta hueste de humanos no se apura
se sabe moderada en sus impulsos
cómplice de los pocos que hacen juego
con el fiel sortilegio de los puros

guardan el sitio para los suplentes
mas los suplentes no son de este mundo
traen retazos de melancolía
pero a nadie le importa ese refugio

hueste de humanos que se sabe breve
como la fe / brevísimo el futuro
se mira en el espejo y se sorprende
al reencontrar un corazón desnudo

sabe que el tiempo pasa / ya está lejos
y desde lejos pide lo que es suyo
los de esta hueste ya se han dado cuenta
que son apenas bienes de consumo

AQUÍ ESTAMOS

Hija mía por suerte no viniste
hijo mío por suerte te quedaste
un mundo loco regido por locos
no es apropiado para nacimientos

no vamos a llorar esas ausencias
lloraríamos claro si estuvieran
entre dos fuegos o entre dos sangrías
o estudiando obedientes para huérfanos

aquí estamos los viejos los testigos
con ese privilegio no buscado
de ver pasar aviones y otros buitres
con mensajes letales cual trofeos

hija mía por suerte no viniste
hijo mío por suerte te quedaste
y ya que somos huérfanos de hijos
brindemos por sus almas a la espera

ESTA GUERRA

Esta guerra no es cosa del destino
es ansia de matar / tan sólo eso
a mujeres y niños ex profeso
y a todo el que se cruce en el camino

cuando el amo del mundo es un cretino
borracho de petróleo y siempre ileso
de su culpa convicto y no confeso
ha aprendido el manual del asesino

todas y todos somos candidatos
a sufrir la piedad que deteriora
dondequiera habrá trampas y arrebatos

y otras palizas a la pobre tierra
y con Biblia Talmud Corán y Tora
siempre habrá un dios para apoyar la guerra

QUIÉN Y DÓNDE

Ya no sé quién es quién ni dónde es dónde
poco me inquieta despejar incógnitas
ya que el mundo es la gran interrogante
y no hay dios que responda entre las ruinas

llegaron y se van / se van y vuelven
alí babá y los cuarenta ministros
el pobre cristo mira a los ladrones
y los ladrones miran a otra parte

los gozos y pesares todavía
saben fingir meticulosamente
y los definitivamente locos
hacen de cuerdos en los carnavales

los años y las uñas crecen crecen
la verdad es un rótulo averiado
y yo / quizá por mi hipermetropía
ya no sé quién es quién ni dónde es dónde

INTERROGANTES

Alguna vez quise explicarme el mundo
pero el mundo era tan inexplicable
que le dejé el trabajo a los expertos
filósofos profetas sacerdotes
entendidos en ésta y otras vidas

yo mientras tanto permanezco inmóvil
en mi sala de espera viendo pájaros
y palomas y algunas golondrinas
no sé si son las mismas o son otras
pero le vienen bien a mi paciencia

a toda hora muestra la pantalla
guerras y presidentes asesinos
con la justicia como cachiporra
o como bomba esa lección de mierda
que se imparte en todas las masacres

que alguien diga por qué nos tocó este
pan nuestro de camelos y traiciones
karma de colmos y de disparates
oprimidos entre el belén y el óbito
vale decir entre la nada y nada

NIÑOS

En cuatro puntos cardinales
los niños nacen condenados
la muerte atenta los aguarda
son sus gregarios más frecuentes

por vez primera abren los ojos
tienen mejillas de esperanza
y el cielo altísimo y la madre
son sus versiones del amor

después comienzan a caer
como pedruscos en el fango
su llanto empieza y no termina
mientras transcurra la hecatombe

hay niños que llegan a adultos
y en la memoria siguen niños
y hasta sus ritos de lujuria
tienen detalles candorosos

pero los niños mueren mueren
en esta guerra y en las otras
y sus cadáveres integran
el premio de la soldadesca

MEMORIA

UNA MUJER

Limpia y prolija la mujer madruga
va inaugurando la verdad del frío
en su frente hay penuria y hay rocío
y alrededor la niebla que subyuga

el sueño ya no es sueño / es una fuga
y el corazón está casi vacío
en la boca una rúbrica de hastío
y en la mejilla alguna que otra arruga

la soledad como único quebranto
no nace ahora / comenzó allá lejos
esta mujer que aún tiene su encanto

en su pulcra conciencia se cobija
se sabe de memoria sin espejos
y se mira las manos sin sortija

GUITARRA

Una guitarra suena dulce y sola
el silencio se aparta con respeto
todo diciembre vibra como en marzo
y las aves del cielo están en celo

de otros acordes ya nadie se acuerda
pero éstos de hoy son una lluvia
que riega corazón cuerpos y almas
y los deja radiantes como nunca

la guitarra es amor / esclava y dueña
limpia de malas nuevas el paisaje
en cada sombra deja algún arpegio
y en cada arpegio una nostalgia nace

su música señal canta en lo oscuro
y sabe comportarse en los adioses
pues tiene el privilegio de emplear
la misma lengua en todas las regiones

LA VIDA BREVE

Los árboles aguardan temblorosos
nos mandan hojas como pobre gesto
sólo les quedan frutos de congoja
ya ni siquiera luchan con el viento

las nubes se despiden / van llorando
los prados están yermos y sufridos
en el subsuelo ya no habrá raíces
no llega ni un sabor del infinito

la vida breve ocurre entre dos nadas
llamémoslas pretérito y futuro
en todas partes y en cualquier otoño
el dinero se queda con el mundo

la soledad no es una alegoría
es el paréntesis que nos dejaron
y en ella estamos cada vez más tensos
cansados de luchar con el cansancio

SOLEDADES

Una isla llamada soledad
sin peregrinos ni perdonavidas
con pocas certidumbres y deseos
y nada de oración ni de herejías

soledad de rutinas y abandonos
con resabios de amores deslucidos
un dejo melancólico en los sueños
y franjas de utopías y delirios

la soledad más sola es la inocente
la que no pide aplausos ni socorro
la que sabe llorar a sus expensas
y defiende tenaz su territorio

la soledad se mira en los espejos
y aprende lo que puede de sí misma
convive con el miedo y el coraje
y no siente vergüenza de la vida

PUENTE 1

Puentes hay dondequiera / por ejemplo
el que une tu orilla con la mía
o el que empieza en ayer y no se sabe
si acabará con un futuro en ruinas

el puente es un enigma un desafío
broma de dios o apenas una estela
capaz de deslumbrar a los humildes
y unir la tentación con la inocencia

los puentes tienen varios sortilegios
atrevidos y estrechos como siempre
escondidos en medio de la fronda
o mezclando la vida con la muerte

de todos modos de algo serviría
vislumbrar la calvicie del paisaje
y conseguir como último milagro
ver del río sus cauces virginales

PUENTE 2

Ahora que medimos el paisaje
¿dónde está el puente entre jamás y siempre?
¿entre el fulgor brillante de allá lejos
y el pretérito ciego de aquí mismo?

cuando propios y ajenos lo atraviesan
en busca del pecado original
el puente se estremece en sus cimientos
y a duras penas organiza el tránsito

cuando el amor es el bastión de siempre
por el puente cruzan los melancólicos
mas cuando el odio dice nunca y nunca
el colgante se puebla de agonías

el puente es pasadizo de ida y vuelta
aloja a centelleantes y a sombríos
y en su historia de antigua pasarela
el de abajo no es nunca el mismo río

AMORES ˙

Cuando el amor es neutro ya no es fuego
si amenaza morir es porque miente
y si envejece prematuramente
es porque lo han dejado sordo y ciego

si el amor guarda llamas para luego
y el contenido se hace continente
si no se atreve ya a mirar de frente
es porque ha hecho trampas en el juego

volandero terrestre ultramarino
enciende a veces luces de bengala
y sabe festejar con el vecino

le gusta refugiarse en la promesa
mas sólo le creemos si hace escala
con un certificado de tristeza

• CUERPO

En tu cuerpo se alojan
todas las estaciones
ojos de primavera
bochornos del estío
serenidad de otoño
y el mordiente del frío

un bandoneón prudente
llora el tango de turno
mientras todos miramos
las hogueras del mundo

en tu cuerpo se cruzan
los puntos cardinales
al norte tu calvicie
al este tus anillos
al oeste el cordial
y al sur tu sexo en vilo

ríe con su milonga
un bandoneón confiado
y nosotros entonces
somos los que lloramos

en tu cuerpo a la espera
los sentidos se juntan
la antena de tu oído

la intuición de tu olfato
los premios de tu gusto
los vuelos de tu vista
los pechos en tu tacto

el bandoneón tranquilo
por las dudas se calla
y a nosotros nos hiere
un silencio a mansalva

SUDORES

Dicen las escrituras
sagradas y también las profanas
que el pan nuestro hay que ganarlo
con el sudor de la frente

por qué no dicen la verdad
que hay que ganarlo con el sudor
de los hombros y del ombligo
de las caderas y del pubis
de los codos y del pescuezo
de las nalgas y del abdomen
de las pantorrillas y de los dedos
de las manos y de los pies

por qué no dicen la verdad
que el pan nuestro hay que ganarlo
con el sudor de todo el cuerpo

CONTRASTES

Por qué será que los poetas
se acuerdan siempre de la muerte
tal como si la vida misma
sin esa cumbre no existiera

en cambio los otros mortales
prójimos de cualquier pelaje
pisan tranquilos las baldosas
con la conciencia en el bolsillo

para creerse perdurables
no necesitan más liturgia
que el patrimonio del presente
y el espejismo de la duda

y sin embargo son los poetas
los inspirados más genuinos
ya que vislumbran un final
después del último estribillo

ROSA

Rosa / no sos el rosa sin proclama
de la mujer que luce su pellejo
rosa / sos otra cosa / el fiel espejo
que te muestra en la gloria de tu rama

es tu vida fugaz la que reclama
una lluvia de sol o su reflejo
y si perdés tu pétalo tan viejo
tu pétalo más joven se hace llama

rosa que sos tan pródiga en carmines
adornás los floreros y las tetas
repartís calma y alma en los jardines

espantás los peores desalientos
y allá en tus alboradas más secretas
te convertís en rosa de los vientos

CORAZÓN CON CANAS

Mi sien, florido balcón
de mis edades tempranas,
negra está, y mi corazón,
y mi corazón con canas.

MIGUEL HERNÁNDEZ

Al fin por fin en fin no caben dudas
la belleza se aleja y uno queda
solo como una flecha que erró el blanco
dejó melancolías en la puerta
un azar miserable en la ventana
y el nombre salvador que nunca llega

sólo perdura el corazón con canas
cansado de latir en las promesas
estirpe de los sueños que hacen cielo
cielo de los amores a la espera

canas que son del alma amenazada
soplo que sobrevive a duras penas
recuento inútil de estaciones locas
donde ya se borró la primavera

ABRAZO

Tus brazos tan delgados
cuando abrazan abrasan
y de paso conectan
tu alma con mi alma

en ese nudo alegre
no hacen falta palabras
a lo sumo se escuchan
sutiles campanadas

quizá en el horizonte
haya flores de magia
que seguirán ocultas
para nuestras miradas

tu abrazo incita al vuelo
aunque no tenga alas
no te vayas no vueles
por favor no te vayas

FARO

El faro entra en la noche desvalida
se recuesta en el puerto silencioso
convierte a los veleros en fantasmas
y recorre los muelles del insomnio

sabe que el otro faro es nada menos
que la luna en los cielos del otoño
le hace guiñadas para seducirla
pero ella sigue impávida en su trono

el faro hace una nueva recorrida
y un orfeón de alarmas le hace coro
en un rincón descubre a dos amantes
ya bien dispuestos para echar un polvo

de pronto el faro se duplica / asume
que su lumbre de ahora son dos focos
pero lo cierto es que ese fulgor doble
no es capricho del faro / son tus ojos

BIBLIOTECA

Mi biblioteca es otra humanidad
con patriciados razas personajes
desastres y esplendores del pasado
y lomos gruesos como los de antes

libros para los viejos que se fueron
para los niños que se vuelven padres
libros pesados como diccionarios
unos eternos y otros olvidables

la biblioteca vive en las paredes
me mira suspicaz e interrogante
no está segura de que sea el mismo
que hurgaba en sus manuales hasta tarde

ciertas obras que fueron condenadas
por la censura están en otro estante
cubiertas por la Biblia y el Talmud
y otras mascarillas respetables

mi biblioteca es otra humanidad
plena de rostros dulces o salvajes
pero cuando una noche yo me extinga
mi biblioteca quedará vacante

o vendrán otros ojos inexpertos
que pueden ser espléndidos o frágiles
y libro a libro habrá que sugerirles
cómo es que se cierran y se abren

MEMORIA

Meterse en la memoria es casi como
aventurarse en otro bosque espeso
con o sin frondas de melancolía
con o sin pájaros entre el follaje
allá se ven escándalos de vida
reptiles encargados del espanto
uno que otro cadáver
de liebre o papagayo
aquí las barricadas de alegría
allá el abismo de los pobres odios
galerías de rostros y de rastros
y allá las más antiguas de las noches

meterse en la memoria
es admitir las culpas que respiran
lavarse los estigmas inocentes
oír la voz que presume de eterna
y es solamente el aluvión del río
mudos quedan los gritos y los grillos
ante el relámpago que cruza el verde
todo dice aquí estoy / nada es olvido
no hay escondrijo para los agravios
que caen y recaen / se hacen polvo

la memoria es salobre / dulce / amarga
al cabo de los años desabrida
tan sólo el corazón se acuerda siempre
como sobreviviente sin disculpas

meterse en la memoria es existir
como un llanto debajo de las sábanas
calcinarse contra las invenciones
de los otros o las de uno mismo

en cada esquina del futuro incierto
espera la memoria y nos abruma
tal vez la salvación esté en la amnesia
que salvaguarda a los octogenarios

TRISTES O ALEGRES

El dolor pocas veces es tedioso
ya que tiene sus propios laberintos
acostumbra salir en los maitines
y no se borra con la anochecida

en cambio la alegría atronadora
nos empalaga con sus carcajadas
y como en ocasiones es falluta
nos deja por un tiempo sin reflejos

tristes o alegres vamos en rebaño
contándonos las fiestas y las penas
espiando el trajín por la rendija
y rechazando a mundos y mundanos

tristes o alegres / reos o inocentes
respiremos como los compatriotas
o soplemos como los extranjeros
vamos girando con la antigua noria

EXISTIR

FANTASMA

Al final me di cuenta
soy un fantasma triste
cuando mi brazo abraza
son bisagras de aire

si hablo lentamente
las palabras son humo
y si estoy silencioso
mi suspiro es de hielo

paso con decisión
por las puertas cerradas
y veo otro paisaje
de bosques y azoteas

con todo la nostalgia
no me deja tranquilo
y me trae el recuerdo
de cuando era mortal

SOBRE ÁNGELES

Si un ángel en desgracia se repone
demonios y diablesas retroceden
se juntan en alguna alcantarilla
pero ninguno de ellos se arrepiente

un ángel vuela en medio de sus pájaros
que como él son ateos desde siempre
se esconden en las nubes e invisibles
se alejan y se acercan / van y vienen

el malogro del ángel fue hace mucho
digámosle descuido o mala suerte
pero en dos bocanadas de aire puro
volvió a la vida milagrosamente

si un ángel ve que otro ángel se derrumba
sus alas de emergencia lo sostienen
y con la ayuda de algún duende amigo
dejan atrás los pozos de la muerte

NOCTURNO

Quién sabe los designios de la noche
cuando el búho nos mira quieto y sabio
los amantes se juntan labio a labio
y los celos afilan su reproche

no hay en lo oscuro ahorro ni derroche
ni amagos de perdón o desagravio
sólo queda la luna y su resabio
colgada allí en lo alto como un broche

la noche no obedece a nadie a nada
vigila nuestro sueño desprolijo
y nuestra almohada como un centinela

patrulla nuestra vida desahuciada
sin euforia pendón o crucifijo
y su oscura presencia nos desvela

APOCALIPSIS

Nadie hasta ahora ha puesto en claro
si el apocalipsis es tan sólo
un averno barato y sin impuestos
o un paraíso poco meritorio /

si es habitado por tahúres
o por demonios inexpertos
ángeles perezosos que no vuelan
o simplemente por murciélagos

está el apocalipsis de las guerras
que riguroso va de llama en llama
y el sagrario de falsos adivinos
que mienten con lujuria y a mansalva

está el apocalipsis de los místicos
a la pesca de mártires y santos
la lista negra de los inocentes
y el tabernáculo de los pecados

y está por último el apocalipsis
que nos dejó San Juan apóstol
terror del Evangelio / penitencia
que Dios reserva para los agnósticos

PÍLDORAS

Las palomitas de la paz
sueñan a veces
con los buitres

cuando el sapo no encuentra
a su princesa
besa a la sapa
qué más remedio

uno se acuerda de la muerte
cuando al amor
le salen canas

no hay hueco más inesperado
ni más humilde que el bostezo
de los fantasmas

la nostalgia no olvida
el olor
de la hembra

padre nuestro / qué lástima
ya no estás
en los cielos

cuando las prostitutas
mueven el culo
se acuerdan
del cantar de los cantares

con la brisa
se educan
los vendavales

lo peor de estar tristes
es que los jubilosos
vienen a consolarnos

lo peor de estar alegres
es que los desgraciados
nos regalan su llanto

los pájaros y pájaras
se van / pero sólo regresan
los pajaritos

tengo la sal prohibida
desabridos estamos
después de los ochenta

CAÍDA

El suicida zagal dudaba entre
tirarse del octavo o del noveno
al final se inclinó por el octavo
donde un día vivió un amor espléndido

midió la simetría de los búhos
y se asombró de hallarlos tan serenos
miró la tierra con su mugre unánime
y el cielo inalcanzable y fraudulento

la escala inaugural de su caída
le llevó a deslizarse junto al séptimo
donde un hombre rezaba de rodillas
a un dios que conservaba su esqueleto

el piso seis fue escombros y basura
con cucarachas y ratones ciegos
pero en el quinto una pareja dulce
estrenaba las bocas en el beso

al descolgarse por el cuarto piso
lo deslumbraron cantos y lamentos
y un ramalazo de otras soledades
le hizo un guiño de juerga en el tercero

en la segunda planta vio una mezcla
de escrúpulos euforia y sufrimiento
y en la primera / afín con la del quinto
dos tímidos se amaban en el lecho

la planta baja era el final forzoso
sin pájaros ni amores ni secretos
allí es donde la muerte consabida
recibió al joven cuando ya era viejo

EL MAR

El mar toca la playa cuando el mundo está inmóvil
la busca desde lejos / por fin la encuentra a solas
la invade grano a grano y en su ritmo discreto
la riega despacito / la abraza con sus olas

el mar trae consigo su historia de abordajes
averías naufragios bengalas salvavidas
y de meses y meses sin ver otro paisaje
que viejos tiburones y nubes repetidas

de paso admira y mira los cuernos de la luna
y fugaces estrellas que vienen de la nada
una que otra tormenta a cual más importuna
y la paz aburrida que anuncia la alborada

la playa reconoce que el mar es el más sabio
el que tiene del tiempo la noción más profunda
el mar deja en las rocas la sal del desagravio
y la playa disfruta cuando llega y la inunda

SAUCE LLORÓN

¿Por qué será que el sauce llora?

No tiene lágrimas / por eso
llora con hojas conmovidas
será que ha visto tantos mártires
y tantos pájaros sin alas

su llanto viene de otras nubes
de otros crepúsculos y enfados
sabe que en árboles vecinos
colgaron a desobedientes

el sauce llora inconsolable
es el más triste de la fronda
no tiene miedo ni aprensiones
sabe que el rayo lo respeta

y sin embargo no se busca
en el espejo de su arroyo
así no ve su propio estrago
de ventoleras y de lluvias

MÁS O MENOS

Todos los días son un día menos
todas las noches una noche más
el corazón pregunta a qué he venido
si todo es tan liviano y tan fugaz

todas las playas son la playa menos
cuando son invadidas por el mar
y las cuatro estaciones no hacen ruido
en las esquinas de la realidad

todos los dioses son un dios de cero
que se ha quedado sin eternidad
y mientras tanto luchan con el aire
los pájaros que aprenden a volar

todas las muertes son la muerte de otro
y la olvidamos para no llorar
pero también están los que / inocentes /
con pies desnudos pisan el umbral

todos los días son un día menos
todas las noches una noche más
pero si aún hay rosas a la vista
la vida es una fiesta de guardar

ADIOSES

Una por una
las ventanas me van diciendo adiós
nos vamos de año en año
hasta el borde del borde
y desde allí miramos
el largo recorrido
el sol viene y se va
también la luna
nuestras huellas son huellas
de la ausencia incurable
la alegría y la pena
se acercan abrazadas
el odio y el amor
ya no hacen sombra
la muerte está faltando con aviso
ya era hora de alguna buena nueva
en el beso se encuentran los candores
y también mi saliva con la tuya
a festejar a festejar se ha dicho
a brindar junto al mar
y por la sobrevida
quisiera horizontarme
en la cama contigo y con el sueño
que la respiración no sea un jadeo
y enterarme de que con esta crisis
hasta las lágrimas suben de precio
estamos a dos pasos de la nada

pero la nada no está para bromas
ya no hay hemorragias / tal vez sea
porque no tienen sangre los fantasmas
adiós a las ventanas que se cierran
ya no quieren saber nada conmigo
y yo prefiero irme despacito
hasta el borde del borde
y despejarme

BORRACHERAS

Hay diversas maneras de embriagarse
están los métodos de siempre
orujo vino ron whisky tequila
pero también puede uno emborracharse
de esperanzas utópicas
campanas fáciles y empalagosas
sexo explícito en dulce compañía
cielos encapotados / sol doliente
rosas jazmines tulipanes
tacto glorioso de pezones idem
discursos de ministros portavoces
juramentos fallutos
adioses estridentes
ombligos prodigiosos de doncellas
espejos con corbata
perros devotos lamedores fieles
crucifijos sin nadie
hemorragias de sangre o de herejías
bolsillos sin billetes y con cartas
como se ve hay de todo y para todos
buenos motivos y otros despreciables
cuando uno se emborracha de esas guisas
ya poco importa que mañana llegue
la sobriedad invicta del final

LOSAS

Cuando las últimas luces se retiran
el cementerio se despierta unánime
las losas se levantan lentamente
y las sombras se mezclan con el aire

algunos pocos son recién llegados
otros son veteranos habitantes
nadie se mira aquí con suspicacia
ya no tienen vigencia odios de antes

las que fueron mujeres se resignan
a no ser ya mujeres sino ángeles
y los que fueron hombres con follaje
se sienten comprendidos por los árboles

y de pronto surge un cadavercito
que clama dónde estoy porque no sabe
donde dejó la mínima inocencia
que antes le circulaba por la sangre

VARIACIONES

PAISAJES

El tiempo es una suma de paisajes
que acuden y se van / de sombra en sombra
de luz en luz / con voces o en silencio
nos descubren pero los descubrimos
aparecen vacíos o con cuervos

siempre hay quienes los pintan o los cantan
no sólo son de azar / también se instalan
en la cuaresma de los corazones

aquellas tardes pobres tenebrosas
en que se borra el último paisaje
el tiempo es una resta de horizontes
que acuden y se van /se van / se fueron

queda el dolor cansado de cansancios
de nuevo abandonado / oscuro / a ciegas

UNA PAREJA

Pensó él

Te acercaste otra vez como una alondra
cansada de volar / muerta de miedo
traías en los ojos tres palabras
que presumiblemente eran de amor

yo supe asimilarte despacito
y el alma abrí como una boca hambrienta
puse en tus labios besos serviciales
y en tus manos secretos de mis manos

tus piernas de mujer y de tristeza
me encandilaban como en otros tiempos
mi aspiración era de perseguirlas
y rozarlas al menos en el sueño

cuando te vas sé que estarás volviendo
en el momento más inesperado
y espero para entonces estar vivo
para pedirte amor que no te vayas

Pensó ella

Te dejé ensimismado en tu silencio
abandonado / no por mi abandono
sino por tu resaca de memorias
y por las barricadas del olvido

conmigo vas en mi costal de glorias
con frágiles adioses por las dudas
sé que siempre podré reconocerme
en tu mirada que lo dice todo

yo sé que a veces fabricamos cautas
distancias entre ambos / una lástima /
pero de a poco se van estrechando
hasta fundirnos en un solo abrazo

somos dos sombras y también dos luces
alumbrémonos de una vez por todas
y hagamos del amor una corriente
que comunique nuestras dos orillas

SIN PENA NI GLORIA

Siempre hay que defender la maravilla
de sabernos nosotros uno a uno
de recluirnos en el desamparo
y ver desde la última quimera
cómo pasa el cortejo de los crueles

hay que hallarse de nuevo con la vida
la individual y la de los contiguos
no dejar que el abuso nos advierta
que merecemos ser asesinados

el poder nos amputa la aventura
nos quiebra la utopía pero ella
se rehace y por todos imagina
un rumbo sin miseria y sin espanto

somos el animal de sur y sangre
en nuestro claustro la conciencia obliga
la resaca deja remordimientos
pero hay que continuar / seguir aullando
aunque el aullido no lo escuche nadie

si hay que morir de agobio pues se muere
un día acabarán los asesinos
por las dudas quede bien claro que
su ceniza y la nuestra no se junten

hay que sobremorir sobreviviendo
tratemos de archivar nuestros candores
y sin pena ni gloria ser leales
a lo que fuimos somos y seremos

ESTAR Y NO

Es divertido imaginar que los poetas habitan
en las copas más verdes de los árboles
en el fondo inmaculado del mar
en las sendas de nieve que llevan a la cumbre
en las primeras y últimas erecciones
en los presagios del horizonte
en las hinchadas velas de los barcos
en las miradas de los niños y los viejos
o en los entretelones del amor

por el contrario se sabe que los poetas no están
en las antesalas de los ministerios
en el tabernáculo de las fuerzas armadas
en el toma y daca de los gobernantes
en las cálidas promesas a no cumplir
en los aledaños del privilegio
en la fidelidad de los infieles
en los guiños de los tramposos

y sin embargo sin embargo es gracias
a los poetas que están y a los que fueron
que yo y mis prójimos soñamos
y también revivimos en el sueño

POSDATA APÓCRIFA

Después de mi tediosa y larga carta
quiero agregarte algunos comentarios
por ejemplo cuando te digo y digo
que no hubo otras mujeres en mi vida
no es cierto hubo por lo menos cuatro
lindos primores pero pasajeros
por ejemplo cuando te digo y digo
que heredé un campo de unos tíos ricos
tampoco es cierto nunca tuve tíos
por ejemplo cuando te digo y digo
que viajé varias veces por europa
no es cierto la frontera más lejana
que atravesé fue la de río grande
barcelona parís madrid y roma
me gustan cuando las veo en postales
por ejemplo cuando te digo y digo
que tengo dos o tres licenciaturas
no es cierto mi currículo es tan flaco
que a veces lo someto a tratamiento
por ejemplo cuando te digo y digo
que tuve dos mercedes y un peugeot
ojalá fuera cierto pero nada
mi medio de transporte más famoso
fue bicicleta de segunda mano
y finalmente si te digo y digo
que te quiero por una vez es cierto
por tu graciosa pinta en primer término
y también por qué no por el paisaje
de tu cuenta bancaria y seductora

BASURA

La basura es un templo de pasiones
allá van a parar los insolentes
los inocentes también y la resaca
de los peores entre los mejores

en la basura viven y conviven
cucarachas y malos sentimientos
si se revuelve en la sagrada mugre
aparecen escombros y pedazos
de falsos mitos y de profecías

la basura es un pálido resumen
del mundo que nos toca y de su gente
nada germina en su silencio sucio
se la llevan en carros y carretas
y nos quedamos sin basura vieja

pero hay otra basura prodigiosa
menos frecuente / es una basurita
sin resacas ni culpas ni rencores
impoluta / frugal / la que aparece
en la esquina del alma con la vida

DEFENSAS

Aquí y allá el mundo explota
no basta con tener miedo
si entre todos aprendemos
la nostalgia del silencio

los poetas no hacen odas
sólo monólogos tensos
o a lo sumo en los insomnios
algunas coplas de ciego

la vida se va de a poco
se va y no tiene regreso
habrá pues que elegir entre
el oasis y el desierto

el prójimo es el oasis
a menudo es nuestro eco
a pesar de que nos consta
que tampoco él es eterno

mundo de hogueras y ruinas
de cenizas y de inviernos
dejemos que el alma inerme
se refugie en su agujero

VER

Cuando a esa eva casi ciega
la operaron de cataratas
le libraron primero un ojo
el izquierdo y después el otro
se acercó a la ventana abierta
y el estupor le abrió la boca
después de aquel primer asombro
logró decir qué maravilla
es el árbol del que me hablaron
las golondrinas que regresan
el mendigo de mano inútil
los canteros detrás del cerco
la pareja del beso heroico
el tío y su silla de ruedas
la muchacha de culo móvil
el niño ufano con sus uvas
y un viejo rostro acaso el mío
dichoso de que al fin lo vean

SILENCIOS

Y, de pronto, se oye el silencio

JOSÉ HIERRO

Con silencios el mundo nos aturde
cada silencio aparece a la zaga
de alborotos carcajadas gemidos
aldabonazos fragores y retumbos

el silencio es la sombra de la vida
nos borra de la pálida esperanza
o se vuelve tan terso y transparente
que nos anuncia franjas de futuro

el silencio es un vuelo de cigüeña
es el paso del oso sobre el hielo
es la nube más nube de la tarde
y la impotencia de los escondidos

con el silencio cero ¿a dónde vamos?
¿qué mejor que una muerte silenciosa?
el silencio silencio si es de veras
nos abraza en los sueños y vigilias

y cuando sin la voz nos dice cosas
desperdiciamos su sentido porque
es ducho en ocultar y no sabemos
si son adioses o son bienvenidas

NADA

La nada es un sobrante de universo /
cuando enviemos cándidos a marte
acaso piensen que van a lo eterno
y llenen su mochila de ansiedades

no obstante la presencia del abismo
no se borra en la noche soberana
y puede ser que en medio del delirio
reparen en que nadan en la nada

la nada es tan inmensa que no existe
es como un sueño que no acaba nunca
sus pájaros de vuelos invisibles
no la llevan consigo ni la buscan

la nada pasa neutra como siempre
disimulada en un silencio oscuro
y los profetas y los inocentes
a veces la confunden con el mundo

MELANCOLÍA

Melancolía suele ser el premio
de los injustamente derrotados
queda en la huella como la memoria
de las tristezas más elementales

los melancólicos de nacimiento
eliminan las lágrimas y quejas
su corazón no es húmedo / custodia
la anatomía de lo más silvestre

la historia tiene su melancolía
la que apela a algún dios que siempre es sordo
y aunque se mezcla con los gavilanes
y echa rocío sobre las hogueras

suele ser el legado más valioso
para los melancólicos que vienen
inocentes ansiosos desvelados
sea a campo traviesa o en el surco

el que suscribe / como melancólico
casi profesional / conoce el paño
y no se entrega así nomás a un mundo
donde se hunden las señas y los sueños

FETO

Cuando oprimes tu oreja
sobre el vientre de alguna embarazada
es posible que escuches
que el feto está pidiendo no nacer

probablemente
ya le ha llegado cruenta información
sobre la nada y sobre el todo
del bien florido y el penar marchito
sobre la pobre sangre que ahora fluye
de este y aquel lado del océano

el feto se arrincona se retrae
no quiere saber nada con la vida
conoce de otros fetos que nacieron
les hicieron jurar por siempre y nunca
forzados a rezar con uniforme
a un dios que cabalgaba sobre el viento
con risas y con llantos compartidos
entre las nubes o desde las cumbres

el feto tiene claro su destino
y quiere devolverlo con urgencia
por sus fallas de origen
y sus tremendas rajaduras

en el vientre materno y perdonado
el feto patalea / se revuelve
la madre sufre pero lo comprende

su último intento es asomar el culo
como imagen primera y elocuente
pero las garras duras implacables
de los parteros o de las parteras
lo traen al mundo sin misericordia
hasta que / ya perdido y entregado
berrea como un cerdo o como un claxon

ESPEJO

No sé por qué el espejo me contempla
con ojos que podrían ser perversos
otras veces parecen
curiosos / taladrantes

el rostro del espejo tiene algo
de mi rostro pero nunca es el mismo
es como si su luna
buscara asilo en mí

lástima que no puedo ir en su auxilio
es demasiado igual a mi silencio
y por si fuera poco
repite mis arrugas

el espejo no es tonto / aquí y ahora
sabe que hay una ley inexorable
el día en que él se muera
me moriré con él

NO MORIR

Es hora de decirte
lo difícil que ha sido no morir

ROQUE DALTON

El júbilo pasó sin una sombra
la desesperación estaba intacta
y el pellejo sediento de caricias
intuyó algún amor en la distancia

dulce quimera lejos de su páramo
alta alegría sin mareas bajas
atento oído al canto de la noche
y un regocijo con o sin palabras

no hay monstruos invisibles / no hay espectros
el mar se consolida en cada playa
y a pesar de profetas y de agüeros
nadie cae en los pozos de la nada

pero después de tanta venturanza
de tanto ensalmo para ser feliz
es útil amor mío que comprendas
lo difícil que ha sido no morir

VARIACIONES

*La muerte es, en alemán,
de género masculino.*

KARL KROLOW

Cuando der Tod se encuentra con la Muerte
nace un presagio neutro indefinido
gelobt seist du niemand / dicen
que dijo el azaroso paul celan
no sé si inspirado en ese andrógino
que sin amor ni celos comparece
en las noches más largas de la historia

cuando der Tod se encuentra con la Muerte
los cuerpos ya no tienen más remedio
que morir en dos lenguas en dos claves
no los suicidas que cuando se inmolan
no afirman nada o dicen sólo amén

der Tod tiene un pasado desalmado
la Muerte es más almada / cuando asoma
es para que podamos cerciorarnos
de que un enigma vuela en el futuro

muerte tod muerte ahora con minúsculas
¿serán los mismos en el más allá?
mientras tanto en el más acá se apiñan
esperando las vidas que se acaban

TODAVÍA

TODAVÍA

CAMINO

Este camino que va dondequiera
es de yuyos de asfalto o de granito
pasa por la dulzura o por el odio
y su marco es el canto de los grillos

de a trozos es la ruta del amor
y aquí y allá captura a los amantes
atraviesa la aduana de los celos
y acompaña la ruta de las aves

cuando parte del alba o se diluye
con la puesta del sol que está tan solo
el camino se cubre de hojas secas
comunicando que llegó el otoño

camino de otro cielo / maravilla
de la intuición la brújula el impulso
debemos transitarlo sin preguntas
hasta el diáfano umbral de otro futuro

LA ESPERA

Te espero murmuró el esperanzado
tal vez un poco harto de esperar
el corazón latiendo con usura
ya lejos de su éxtasis vital

la noche es una espera de la luna
que asoma a veces sí y a veces no
los pechos te ilumina cuando asoma
y cuando no / te quita la ilusión

a veces en la espera hay un desnudo
amores que se inician sin presagios
o manos que se abren para luego
cerrarse como puños despiadados

el tiempo pasa húmedo de sueños
no obstante se le ve como perdido
para qué consumirnos en la espera
si todo va a caer en el olvido

DE NUEVO EL MAR

Sale de un poema y se introduce en otro
al mar lo tengo siempre en mis metáforas
le invento playas / le propongo puertos
lo miro desde la última azotea

sé que es intransigente despiadado
insensible verdugo rencoroso
y sin embargo pasa por mis sueños
y me deja una seña inolvidable

llega con su vestigio de archipiélagos
con su memoria universal de náufragos
señales de socorro / salvavidas
y salvamuertes en menor escala

pero mi mar fue mar desde mi infancia
mi primer juego con el infinito
y por eso me sigue y me persigue
de sueño en sueños y de verso en versos

SOLEDADES

La soledad no es única ni sola
siempre se abre en varias soledades
que soportan sus tramos de vacío
y su camino real sin caminantes

la soledad sin cielo y sin memoria
se enclaustra en su remedo de infinito
y no halla estupor que le convenga
para fraternizar con el vecino

hay soledades duras como piedras
que soportan el llanto de este mundo
y otras que avanzan pobres y descalzas
en el oro y azul de los crepúsculos

la soledad es suma de soleras
las que dan vino y las que dan prosapia
pero no hay soledad más desvalida
que la que queda a solas con el alma

FÓRMULA

Era una isla con un solo árbol
era un pasado con un solo amor
una memoria con un solo miedo
un cielo opaco con un solo dios

la interrogante es dónde acudiremos
con viejas cicatrices del dolor
cómo dejar mensajes de la sangre
en la estafeta de nosotros dos

ya no nos quedan gozo ni tristeza
para reconocernos bajo el sol
el tiempo pasa y pasa como un vértigo
y quedamos sin pálpito y sin voz

después de todo poco es lo que resta
la inocencia es el último bastión
y es una buena fórmula quererse
como lo descubrimos vos y yo

MI CIUDAD

Mi ciudad sigue siendo mi ciudad
sin embargo no puede ser la misma
muchos de mis amigos sucumbieron
o fueron destrozados por el odio
dejando un hueco atroz en la vergüenza

ahora existe algún rosal suplente
que las lágrimas riegan por rutina
hay árboles que fueron / otros son
los pajaritos buscan los que fueron
fue desde allí que los parió la luna
y los lanzó a volar a todo riesgo

mi ciudad es la misma y no lo es
el polvo de sus calles hace daño
pero el cielo implorado sigue el mismo
antes mi corazón tan suburbano
palpitaba sin el aval de nadie
ahora el marcapasos lo defiende
de las alarmas y los sobresaltos

hoy llueve sobre el frío / las mujeres
abren paraguas / cierran oraciones
tal vez por ellas la ciudad es otra
y el cuerpo es otro y otro es el paisaje

también es capital del desempleo
hay barrenderos con licenciaturas
taxis que los manejan ingenieros
o químicos o médicos cesantes

y sin embargo sigue siendo ésta
la ciudad de las tiernas soledades
donde busco perdones de la vida
donde encuentro la vida del perdón

¿DÓNDE ESTOY?

¿Dónde estoy? es la bienaventuranza
la que nos marca el sitio del pasado
ni bonancible ni desesperado
donde empezamos a tener confianza

¿dónde estoy? ya no hay más adivinanza
se acabó mi nocturno desvelado
y a la espera del próximo llamado
inventaré de nuevo la esperanza

¿dónde estoy? ¿en la vida recoleta
frente al mar con sus cándidos delfines
o en el silencio del anacoreta?

el tiempo pasará de cualquier modo
mientras nacen y mueren los jardines
¿dónde estoy? nunca lo sabré del todo

NÁUFRAGO

Cuando el amor naufraga / o lo parece
no quedan salvavidas para el náufrago
es el momento en que se vuelve frágil
o flota cual si el mar fuera un acuario

vivir un zafarrancho de abandono
no es sólo una ocasión / es un milagro
reconocer los besos del auxilio
sin irse a pique en brazos del abrazo

el amor no se ahoga fácilmente
las olas no le quitan lo bailado
y desde arriba / casi desde el cielo
se le ve un brillo desacostumbrado

ahí es que comparecen los perdones
y cabe desconfiar por un buen rato
pero el amor alcanza las orillas
donde esperan lo real y lo soñado

PRETÉRITO PERFECTO

Tengo el certificado de la boda
de mis tatarabuelos tan franceses
él se llamaba Pierre y ella Felise
han quedado tan lejos
que son casi leyenda

el humo de las fábricas de entonces
y las heráldicas en penitencia
nos ocultan sus rostros
espero que felices

Pierre y Felise con toda su humildad
contemplan nuestros pasos transitivos
somos sus nuevos niños
de los niños que fueron

niños que fueron niños de otros niños
toda una escala de renacimientos
frutos de amor cansado
o de amor jubiloso

Pierre y Felise desnudos a su estilo
transcurren por su siglo con su sangre
y todavía sueñan
debajo de las sábanas

somos tataranietos de sus almas
último resplandor de su crepúsculo
todavía nos llega
su candor primitivo

ESTATUA

Nadie recuerda el nombre de la estatua
pero ella ya cumplió cincuenta años
sus ojazos de mármol deslucido
siguen mirando a quienes la olvidaron

su mano alzada acusa al muro estéril
más antiguo que todos en el barrio
sus únicos cofrades son los pájaros
que la bendicen con sus excrementos

después la lavará la lluvia mansa
y el sol volverá rubia su cabeza
la pobre estatua ve correr los años
indiferentes rutinarios duros

por fin llegó un turista con su hijo
y el niño preguntó quién era ésa
el padre improvisó / una heroína
y la estatua sintió que de improviso
su corazón de mármol le latía

TODAVÍA

Nunca aprendí a existir / dijo en un rapto
el gran revelador que fue Pessoa
y yo tampoco / confesó mi voz
de heterónimo apócrifo en la sombra

lo que ocurre es que ese aprendizaje
es más difícil que jugar al truco
puede durar cien años y en tal caso
uno se va profano al otro mundo

aprender a existir es para cándidos
para ermitaños más o menos sordos
que no se arriesgan ni a mirar el cielo
y están conformes con el abandono

los caracoles saben existir
y también los arroyos que hacen río
y las calandrias y los ruiseñores
cuando la lluvia no les moja el pico

y si sobrevivimos todavía
cuando el tiempo se escapa de las manos
es para descubrir que la existencia
es tan sólo una deuda a corto plazo

A VIVIR

Quisiera conocerme y conocerte
y calmar esta sed entre tus labios
olvidarme de todos los resabios
y jugar sin el miedo de perderte

no es cosa de aceptar la mala suerte
y llenar el vacío con agravios
lo mejor es quedarse con los sabios
lo más lejos posible de la muerte

no está demás un poco de lujuria
para alegrar las tardes de la siesta
y desarmar la próxima penuria

con tus señas de azar o con las mías
el amor tiene siempre algo de fiesta
a vivir a vivir que son dos días

PATRIA

Se dice patria con la lengua seca
conviene humedecerla con el vino
hay quienes piensan en praderas verdes
otros —nosotros no— en montañas grises
la patria puede ser un gerifalte
y también un hornero en su casita
la memoria la asume en el exilio
con tangos y milongas melancólicas
y si uno baila con dulzura y hambre
es como renacer sin contratiempos
se cae en la nostalgia sin saber
hasta cuándo se extenderá el anhelo
los patriotas son un poco gitanos
lloran en los zaguanes y fronteras
cada conciencia viaja con su patria
y la deja guardiana en la azotea

SONETO INQUISIDOR

¿A partir de qué hecho o qué desecho
se nace a los azares de la vida?
¿Dónde empieza la ruta sin salida
rodeada por los viles en acecho?

¿Bajo qué cielo estéril o qué techo
se esconde la razón desconocida?
¿Dónde empieza y acaba nuestra huida
y por qué deja al corazón maltrecho?

¿Cómo pasar por la concupiscencia
sin que el alma abandone su reposo?
¿Cómo amar al amor cuando hay ausencia?

¿Cómo enrolarse con la buena suerte?
¿Por qué si uno fue noble y generoso
el premio sólo viene con la muerte?

INSOMNIOS Y DUERMEVELAS
(2002)

Para luz
y raúl
de
mario
su
agradecido
sobreviviente

Rescaté, lúcido y sonámbulo,
los vestigios que la marea
llevó a mi playa de despierto;
con ellos construiría un puente
desde el soñar hasta el velar

JOSÉ HIERRO

PAPEL EN BLANCO

Cuando estés triste ponte a cantar.
Cuando estés alegre, a llorar.
Cuando estés vacío, de verdad vacío,
ponte a mirar.

JAIME SABINES

FUTUROS

Sin previo aviso
como un pobre milagro
me visitó el futuro
triste apenado
como si al fin hubiera comprendido
que no genera expectativas

¿y eso por qué?
quizá porque en la nada
virtual del universo
los futuros se cruzan
como mundos de fuego
inútiles
vacíos

SOLEDAD

Abrí de par en par la soledad
y era tiempo de ecos
ecos del mar del viento de los pinos

la soledad a veces está verde de hojas
otras veces azul como antes era el cielo
y últimamente roja como abril de geranios

la soledad es una hazaña
precaria por supuesto pero hazaña
busca el poder del abandono
y el abandono del poder

o sea que si abro
de par en par la soledad
cerraré por las dudas
los postigos del sueño

EL SUEÑO

El sueño se peleó con la mañana
la colmó de desvelos incumplidos
le impuso sus delirios y entelequias

el sueño será siempre un laberinto
con curvas y jadeos y candela
el sueño-noche estalla luminoso
vuelve a tener los párpados que tiemblan
y un miedo corajudo y transparente

su final es lo mágico del alba
cuando el alba es la llave de otro sueño

NINGUNA MEMORIA

Memoria la ninguna no responde
no ha logrado salir de su ostracismo
sólo guarda cenizas de esperanza
y una floja apariencia de candor

allá quedaron hambres y recelos
desamparos de trapo y de tristeza
nadie los nombra
nadie piensa fuerte
ni llora ni celebra ni se enciende

preguntan la palabra y el silencio
pregunta la pasión desconcertada
pregunta el coro de indiscretos / pero
la ninguna memoria no responde

SURCO

Me gustaría estar despierto
como un péndulo
ir y venir de este a oeste
y viceversa
con los ojos abiertos
vigilantes
del tiempo que se fuga
pero está condenado
a regresar

me gustaría andar un poco
ciegamente
para que cada paso fuera
mi secreto
y mi palabra en celo
fuera un surco
con huellas
en el barro

OTOÑO

Aprovechemos el otoño
antes de que el invierno nos escombre
entremos a codazos en la franja de sol
y admiremos a los pájaros que emigran

ahora que calienta el corazón
aunque sea de a ratos y de a poco
pensemos y sintamos todavía
con el viejo cariño que nos queda

aprovechemos el otoño
antes de que el futuro se congele
y no haya sitio para la belleza
porque el futuro se nos vuelve escarcha

MADRE NUESTRA

Madre nuestra que estás donde mis huesos
protegida por todas las cautelas
quiérete desde amores que se nutren
en las nostalgias de mi invernadero

madre nuestra que estás donde mis sueños
y en mis sueños me sigues enseñando
todo lo que aprendí en la duermevela
de tus pechos de mundo y de su gracia

madre nuestra que estás donde estuviste
nadie te va a pedir explicaciones
fuiste y serás la única en llevarnos
en el dolor emblema de tu vientre

ASAMBLEA

En mi asamblea de ilusiones
sólo hay algunas que me importan /
el centelleo de lo pálido
y la hermosura de lo feo
las pulsaciones de la roca
y sobre todo sobre todo
tu corazón ese impasible
que yo enternezco con el mío

CUERPO Y ALMA

Cuando el cuerpo se enferma
y el alma sigue entera
no es para preocuparse
brava es la viceversa
cuando el alma se enferma
y el cuerpo sigue entero

normalmente sucede
que el instante más duro
para el cuerpo y el alma
es cuando la implacable
los seduce y los lleva
juntos al otro barrio

INSOMNIOS

En realidad el insomnio es como un sueño, pero sin sueño. En el insomnio comparecen ansiedades que durante el día estuvieron arrinconadas; proyectos todavía inmaduros que necesitan cálculos, previsiones, ajustes; culpas recién instaladas en la conciencia.

Reconozco que no soy un cliente asiduo del insomnio, pero cuando éste me alcanza, la noche se convierte en una incómoda mazmorra. Los ruidos de la calle (bocinas, frenadas, breves tiroteos, cantos de borrachos, truenos, tamboriles) invaden mi habitación sin el menor escrúpulo. Cuando el alboroto proviene del propio edificio (taladros eléctricos, rock and roll, jadeos amatorios) cierro los ojos pero los oídos permanecen abiertos y aquella baraúnda me eriza los pelos o me dispersa los arrepentimientos.

Hay quienes creen que los insomnios deben ser encarados como exorcismos, pero mi pasado racionalista no puede aceptar esa interpretación. La variante más entretenida de esas noches pálidas es el hijo sonámbulo (ocho años) de mi amigo Vicente, quien con una habilidad que por cierto no despliega en la vigilia, va esquivando las butacas, el paragüero, las mecedoras, y se detiene indefectiblemente frente a la ventana con la Cruz del Sur. Él, por supuesto, no la ve. A la mañana siguiente, durante el desayuno, el padre le pregunta: «Antonio, ¿con qué soñaste anoche?» Y él responde sin titubear: «Con automóviles de fórmula 1».

Mis mejores insomnios ocurren cuando estoy tranquilo, con la digestión bien hecha, sin mala conciencia, y me dedico entonces a dibujar (imaginariamente, claro) gacelas, ciervos y gamuzas, en el manchado cielorraso.

En mi insomnio favorito comparece a menudo un catálogo de maravillosas mujeres: anatomía conocida con rostro inventado, fisonomía seductora con cuerpo abrazable. Miro a mi derecha, pero allí mi mujer duerme como una bendita.

Con el tiempo he ido creando mi técnica personal para combatir insomnios. Cuando me acuesto, dedico diez o quince minutos a la atenta lectura de algún fragmento del Evangelio apócrifo de San Bartolomé, y de inmediato una soñera incontenible se me instala en la arruga de los párpados. Presumo que es el aporte solidario del viejo Morfeo, el cual, según Ovidio, siempre acude con adormideras y alas de mariposas.

DEMASIADO SILENCIO

Demasiado silencio / no es posible
soportar este mutis tan huraño
para pensar se necesitan tonos
acústicas rumores
hervores en la paz del horizonte
garabatos de rayos en el cielo
estribillos de amores en la luna
jadeos en la sátira del viento

demasiado silencio en el crepúsculo
ni siquiera los árboles se quejan
con un silencio así no hay aventura
ni absolución del día ni clemencia

el silencio conspira contra algo
y ese algo lo llevo aquí en el pecho

MANOS

Mis manos emprendieron
tantas y tantas excursiones vanas
que sólo mis arrugas y mis uñas
saben de qué se trata

a veces se cerraron como puños de rabia
y otras tantas se abrieron como cuencos de goce
mis manos son expertas en caricias
pero saben muy poco de expiaciones

cuando se encuentran con tus manos tibias
expertas en usar asir y osar
las mías reconocen tus nudillos
y el corazón aplaude como un cándido

LA ETERNIDAD

Como es sabido entre los pocos
la eternidad es celestial
mas como todo lo celeste
es un invento sofocante

sus artificios seductores
siempre nos dejan en el borde
y nos quedamos tan eternos
como la cruz del camposanto

la eternidad se parte en cuatro
en seis en ocho en diez en veinte
partículas perecederas
cada nacer es un morir
y cada muerte es más eterna

las religiones la sacuden
con letanías y plegarias
con expiaciones y picotas
pero la muerte sigue muerta
por su total eternidad

SUEÑO REALIDADES

Noche tras noche sueño realidades
tan parecidas a la realidad
que al despertarme entro de puntillas
en los peldaños de la vida cierta

cada dos o tres meses uno hace
pactos con la inocencia o con el fuego /
como todos los cánones del alma
nunca son de obligado cumplimiento

la inocencia es piadosa y sin aromas
su calma empalagosa nos fatiga
el fuego en cambio tiene escalas propias
de miedos que crepitan a su amparo

noche tras noche sueño realidades
que me dejan honores y condenas
los párpados son como mis postigos
y yo invento paisajes pese a todo

OJOS

Cuando uno mira por un ojo de buey
se siente un poco buey y nadie viene
a decirnos dichosos esos ojos
si uno se mete por un ojo de aguja
sabe que no es camello y además
que la vida suele pender de un hilo

si nos alcanza un viejo mal de ojo
vale la pena hacerse el desganado
pero en las exequias del enemigo
lo mejor es llorar con un solo ojo
si es posible el derecho porque el llanto
con los dos ojos hay que reservarlo
para cuando nos roban el amor

LA INFANCIA

Si la infancia durara ochenta años
me podría burlar de mis cenizas
y sin apuro armar un acertijo
con borradores de melancolía

si la infancia durara ochenta años
no tendría vergüenza de mis lágrimas
y podría cantar mis aleluyas
sin ofender a viejos sin infancia

si la infancia durara ochenta años
yo sabría ampararme en el candor
y defenderme de las engañifas
con las tinieblas que promete el alma

pero no dura tanto / qué tristeza
en la vejez la pobre infancia
es apenitas un latido
de minutero o marcapasos

SENTIMIENTOS

Hay quien usa los sentimientos como guantes
se los quita y se los pone según lo pide
el servicio meteorológico estatal

con los guantes puestos juega a no contaminarse
con las manos desnudas se aviene a acariciar
pero los sentimientos saben que en los finales
sólo las manos solas saben decir adiós

ESTAR SIN ELLOS

Me he ido quedando sin mis escogidos
los que me dieron vida / aliento / paso
de soledad con su llamita tenue
y el olfato para reconocer
cuánta poesía era de madera
y crecía en nosotros sin saberlo

me he quedado sin proust y sin vallejo
sin quiroga ni onetti ni pessoa
ni pavese ni walsh ni paco urondo
sin eliseo diego sin alberti
sin felisberto hernández sin neruda
se fueron despacito / en fila india

para no aclimatarme al abandono
me aferro a mis reliquias de alegría
como si fueran el mejor amparo /
un carnaval sin máscaras / con pájaros /
la lluvia que enardece a la sequía
el sol sobreviviente de un naufragio

EL ESPINEL

Cuando recorro todo el espinel
del pasado que queda cerca y lejos
con los rostros que tuve entre mis manos
y los labios que no logré besar
con la paloma que me miró fijo
y yo no pude comprender su seña
con un amor que dura lo imposible
y no se asusta de las soledades
con un cielo de grises inquietantes
que musicaba truenos fervorosos
y viejecitas viejas que dormían
su penúltimo sueño a la intemperie
con niños inocentes que crecieron
y ya son otros y mataron niños
y una pila de libros ya leídos
que emiten chorros de sabiduría
con todo esto el espinel me entona
y me alude y me aborda y me consuela
y tengo la impresión de que mi alma
carga un fardo de grandes menudencias

FRONTERAS

Cada uno tiene sus fronteras propias
con el mar / con el tiempo / con la vida
con la fe con el mínimo esqueleto
y el sexo hecho de cielo y ojalá

con un cierre metálico en cada una
me abro a la calle en busca de resguardo
y el repaso de tantos y de tantas
y cuando cierro estoy conmigo mismo

las fronteras lo hacen a uno humilde
porque en lo ajeno hay magia y hay sosiego
uno se queda pobre al natural
y no sabe qué hacer con la conciencia

AUSENCIAS

Yo colecciono mis ausencias
como si fueran antiguallas
y sin embargo echo de menos
los resplandores de humo joven

en mis ausencias hay palabras
y un repertorio de silencios
y sentimientos que no saben
cómo salir de la tristeza

también hay noches de celaje
y las quietudes del otoño
y las pasiones necesarias
con ojos que jamás se olvidan

yo colecciono mis carencias
con su hermosura de vacío
y en el espejo estoy más pálido
que cuando pongo a orear el alma

VOCES

La muerte no calla nada
ELÍAS CANETTI

Es obvio / con la muerte no se juega
no calla nada / ya lo dejó escrito
canetti en una de sus precisiones

acabados los trámites y exequias
se oye un primer murmullo querellante
luego un recuerdo tóxico / usurero
un rezo sin confianza / entre blasfemias
un quejido sencillo como un llanto
una propuesta que quedó archivada
un alarido de padecimientos

no calla nada y seguirá mostrando
delicias inconclusas / miedos tibios
orgullos de saber / propuestas locas
cierta declaración de amor probado
que nadie recibió / que nadie quiso

la muerte no se calla / sigue hablando
en peroratas / broncas / homenajes
en caso de morir / cómo querríamos
que callara esa muerte charlatana
y nos dejara a solas con la paz

ADIOSES

Siempre me entristecieron los adioses
así fueran de santos o de crápulas
alguna vez yo los abandonaba
otras veces me abandonaban ellos

en pleno corazón tengo un catálogo
de los que allí pasaron una noche
de los que hicieron cola de aburridos
de los que en el amor se conmovieron

las despedidas saben a burbujas
que apenas duran / sólo las usamos
como una desazón efervescente
que emigra con los pájaros que emigran

qué pena / de las manos que he adiestrado
sólo una sabe decir adiós
y me presta su ayuda si me alejo
de tus ojos tus pechos y tus labios

SALDOS

Los días que nos quedan / los invictos
podrán ser tenebrosos o de gloria
mas no hay augur capaz de prevenirlos
son tajantes como una cachetada

se pueden calcular sin garantías
porque el futuro es siempre una quiniela
su único saldo digno de confianza
es la vieja consigna / ruina o muerte

esta última etapa es un naufragio
la costa más visible es el pasado
pero no hay zafarranchos de abandono
ni socorro a la vista / esto se acaba

y todo eso que dicen es lo mío
quedará silencioso en el desván
ese arrabal en que hay restos de todo
pero la clave escapará conmigo

AMORODIO

Los odios del amor son insaciables
juegan con el rencor y el esperpento
tienen celos del cielo y de los dioses
y sumergen el beso en la lascivia

los odios del amor confraternizan
con seducciones y repulsas locas
en su ensimismamiento se embelesan
y dicen no va más y sin embargo

los odios del amor son insaciables
gimen y vociferan en voz baja
los amores del odio los reciben
con su poco y su mucho de cautela

cada uno con su ardor se sacan chispas
la ley es floja qué vamos a hacerle
odios y amor en cándido desorden
arman el esqueleto de la vida

HACE MEDIO SIGLO

En la calle veinticinco de mayo
montevideo allá por los cincuenta
en el viejo café sorocabana
yo concurría con asiduidad
y ocupaba la misma mesa clásica
donde escribía como un embrujado

ese paisaje de hembras y notarios
de camareras y comisionistas
intelectuales con mirada huraña
y entendidos en fútbol o en la bolsa
tenía su fuerza su rubor su aroma

y en mi cuaderno yo iba introduciendo
la pipa de uno / las piernas de otra
la boca triste del anacoreta
la mano inquieta del señor ansioso
la risa sana de un lector confiado

y luego los quitaba / yo prefiero
paz y pasiones de la propia vida
nombres que a tientas buscan y por eso
como viven y mueren de mi lado
les encanta meterse en mi novela

MIENTRAS EL TIEMPO DIGA TODAVÍA

La palabra un desastre / ya no sirve
sólo sirven las trampas y los fuegos
los supremos de oriente y occidente
quedan fuera del cielo y de la tierra
la muerte iconoclasta y misteriosa
ha inaugurado su galimatías

en treinta días se rasgó el futuro
se ve en las chispas últimas del sol
en la ciudad que entierra a sus mejores
en el sueño que plagia los martirios
en los niños que nacen casi muertos
en la caducidad de las quimeras

todas las esperanzas se interrumpen
los pájaros se olvidan de sus pájaras
ya no vale jugar al escondite
ni averiguar el precio del espanto
todos nos contemplamos aturdidos
como payasos ángeles o lelos

hay una sombra hecha de humillaciones
a partir de una ausencia más ausencias
a quién le importa el hueco del olvido
en un paisaje que será ceniza
estamos solos en mitad del alma
con hogueras como única promesa

y nada pasará o pasará todo
así es la lotería del milenio
hay miedos en los cuatro cardinales
la tristeza se ha vuelto irrespirable
la alegría es tan sólo una efemérides
lloran los projimíos pero en vano

no saben los profetas qué anunciarnos
su faltriquera se vació de augurios
dicen que el mundo seguirá / qué suerte
pero todos sabemos que ese agüero
está perdido de tan frágil / miente
como mintieron todos los profetas

el amor es apenas un mendigo
y la limosna es bélica / un venablo
la primavera es casi una reliquia
y el invierno la grava consabida
todos tenemos algo que perder
y no lo salvaremos sin el vino

no me propongo aullar como los lobos
que vengan los de siempre / unos u otros /
ya nos encontrarán dentro del humo

y aunque sea una pobre libertad
dentro del humo permaneceremos
mientras el tiempo diga todavía

PAPEL EN BLANCO

Miré el papel en blanco / yo tenía
palabras y palabras y palabras
pero ninguna de ellas me servía

probé con vendaval arroyo tedio
vislumbre maderamen injusticia
besos de lengua árbol hemorragia
memoria cueva patriarcado hambruna
palabras que otras veces me sirvieron
para encender el fuego o apagarlo

tuve que descansar de tanta búsqueda
la mente en blanco y el papel sin nada
afuera muy afuera sonó un piano
y después un violín qué maravilla

sentí en el corazón una puntada
y era un dolor dulcísimo / una pascua
algo estaba cambiando en lo imposible
desde el lacónico papel en blanco
una palabra
                    vida
                         me miraba

LUGARES COMUNES

Aquí no pasa nada, no es más que la vida,
pasando de la noche a los espejos.

ELISEO DIEGO

LOS ENEMIGOS

Los enemigos tienen de bueno
que nos machacan la cobardía
nos dan vergüenza de la vergüenza
y desconfianza de la confianza

los enemigos no siempre odian
sencillamente descalifican
cruzan el río de lo imposible
y se divierten en la otra orilla

si en los insomnios y duermevelas
nos entendemos con esos otros
por fin tendremos albricia y ganas
de comprender al enemigo

BOCAS

¿Dónde empieza la boca?
¿en el beso?
¿en el insulto?
¿en el mordisco?
¿en el grito?
¿en el bostezo?
¿en la sonrisa?
¿en el silbo?
¿en la amenaza?
¿en el gemido?

que te quede bien claro
donde acaba tu boca
ahí empieza la mía

LA OLA

Le encargaron al modesto escultor
que hiciera una estatua sobre el tema del mar
y el pobre artista talló una ola
espléndida durísima pasiva
que se mantuvo seca y árida
hasta que el cielo le mandó un diluvio

MENTIRA

La mentira es un trago cotidiano
que crece con el tinto en tu botella
es una trampa de clarividencia
una burla de axiomas y verdades

y también es un sueño tan barato
que nos seduce como una promesa
es una esponja que lo absorbe todo
curtida en la fajina del engaño

es tenaz y sencilla y fabulosa
cuanto más fabulosa más sencilla

la mentira también puede mentirse
y equivocarse feo / por ejemplo
si nos presagia ocaso en vez de tregua

HORIZONTE

Hubo una vez un horizonte
con su razón de amor primario
y su buen ver de fuego lento /
muy lavadito él / digamos /
por dos o tres siglos de lluvia
que ejecutaron los rigores
de la memoria y el olvido

un horizonte tan extraño
que yo creía era de otros
ya que mis viejos horizontes
eran frugales grises mansos
desamparados vulnerables
con una línea sin dulzura
y una rutina sin cuartel

cada uno tiene su horizonte
unos con nudos de tristeza
y otros con hambre de alborozo
pero el dolor es una línea
en la que a veces coincidimos
y el horizonte queda lejos
lejos de todo y del consuelo

PALABRAS

En cada libro que leo
siempre encuentro una palabra
que sobrevive al olvido
y me acompaña

son palabras que a menudo
me defienden de la pálida
unas parecen de cuarzo
otras de lata

yo las prefiero milongas
y hasta un poquito canallas
pues si se vuelven decentes
quién las aguanta

AUTOEPITAFIO

Algunos dicen que morí de pena
de veras no me acuerdo / sé que había
una nube blanquísima en el cielo
y un ave errante que dejaba huellas
y me parece que eran de alegría

otros sostienen que morí de gozo
yo tampoco me acuerdo / sé que había
un jilguero encantado con su canto
y un sauce que evaluaba con la lluvia
su cotejo de lágrimas prolijas

sí recuerdo que había conocidos
gente expansiva ufana como pocas
hablaban del mercado de valores
de arte culinaria / de informática
de fútbol / de tabernas / de amnistías

de pronto llegó un soplo de silencio
todo quedó en un coro de callados
se miraron perplejos porque en medio
de aquella vanagloria de la nada
una muchacha pronunció mi nombre

ESCRITURA

Unas veces escribo con lujuria
y otras veces con abatimiento
los tiesos caracteres del papel
importan poco tras una vivencia
simplemente son huellas transitorias

cada letra viene con su legado
y en su vecina encuentra otro relieve
cada palabra es tinta y es promesa
cada paréntesis es un oasis
y el oasis un riesgo de espejismo

unas veces escribo con deleite
pero otras veces con melancolía
lo bueno es que circule la palabra
como la sangre joven por las venas

DICCIONARIO

Aunque no nado entre palabras
me zambullí en el diccionario
todas me hablaban / era un cóctel
de erudición y jerga humilde

no me convienen todas juntas
con paladines / sabios / maulas
las que se anotan con un pájaro
o distribuyen la ceniza

un diccionario no es un mar
no tiene orillas / no hace olas
los adjetivos y los verbos
me miran como a un selenita

pero yo acabo convenciendo
a la palabra gato para
que se rebele y me acompañe
a la inocencia de mi siesta

DISTANCIA

Existe una distancia incalculable
que no se mide en horas ni en pulgadas
ni en millas ni en semestres ni en tamaños
lejos y cerca son casi lo mismo
y es la frágil distancia del amor

en ese territorio que es del alma
la nostalgia está lejos y nos mide
el tacto es un placer de cercanías

en extraños azares sin embargo
la nostalgia del tacto se inaugura
y entonces la distancia es sólo un punto
el punto del amor ese infalible

LA ARAÑA

La araña está allá arriba / negra como un conjuro
es todo lo que queda de una red del pasado
mueve las patas como si acomodara el aire
o como si el zumbido del mar la molestara

nadie confiesa a nadie su fantasmagoría
en esa malla hay ojos que no tienen destino
son como cicatrices de procesos en ruinas

la araña sabe tanto de gastados inviernos
de infinitos rencores / de señales de humo
que no es posible usarla como empalme de augurios

AGENDA

Miro las tentaciones
que brillan entre ruinas

la luna errante que es
un saldo renovado
se ha llevado en volandas
a mis viejos sabores
y a mi cero en conducta
con la parca belleza

todo queda allá lejos
menos algún asombro
o una noche tembleque
o una aurora de grises

el presente es un borde
un fanal de conciencia
donde todo se junta
y quiere ir más allá

por suerte en los futuros
ya no hay juicio final
y cada uno estrena
su jaula de la nada

LUGARES COMUNES

Los lugares comunes
son hebras desgarradas
de los extraodinarios

salvo en tiempos de crisis
tienen la cotidiana
franqueza de la vida

no fingen no simulan
y no sienten bochorno
de su pobreza estéril

los lugares comunes
son de buena madera
nunca suenan a hueco

no reclaman piedad
ni piden más oxígeno
por eso son comunes

ACENTOS

Reconozco en mi voz acentos varios
la del infante acurrucado y solo
la del que junta pétalos maternos
o estrena queja entre sus semejantes

siempre hay un tono cándido y benévolo
y es la ternura que el amor convoca /
un discurso de paz o de amargura
y un racimo de pálidos rumores

varios acentos / el del desencanto
que suele desnudarse de palabras
se nutre de las lágrimas más gordas
y espera el eco de su voz más ruda

acentos sin clemencia / varios de ellos
son la respuesta al coro desafiante
y el tono agudo / espléndido en su filo
acude esperanzado a la conciencia

MANIQUÍ

Se enamoraba de los maniquíes
su desnudez indemne / tan carnal
tan mulata / tan hembra / tan posible
era tan noble que no le importaba
que no tuvieran corazón ni ombligo

especialmente el maniquí más bello
lo contemplaba con angustia lisa
y él buscaba piedad en las arrugas
de sus propios remansos y deseos

el maniquí más bello / arrinconado
en un escaparate de babel
todavía lo mira imperturbable
y él no puede olvidarse de esos ojos

COLEGAS

Hay colegas que leen
otros que envidian
yo soy de los que leen
y envidio poco

si mi hermano descubre
una palabra triste
y hace de esa tristeza
un faro de alegría
yo siento que los pájaros
me vuelan en el alma
y me siento feliz
de esos otros tan otros

si en cambio yo descubro
una palabra triste
y hago de esa tristeza
un faro de alegría

quisiera que otros socios
seguros en su orilla
se sintieran ufanos
de esos míos tan míos

lo cierto es que en el frágil
vaivén de la poesía
hay colegas que leen
otros que envidian
yo soy de los que leen
y envidio poco

¿PARA QUÉ?

Cada día descubren otra estrella
con dos o tres planetas obligados
y discuten si hay agua ¿para qué?

aquí tenemos buenas almas fénix
almas resecas y mojadas / cuerpos
que enflaquecen de pasmo o de cordura
niños que nacen cada vez más diáfanos
o más oscuros y chupados / madres
dispuestas a parir misericordia
y sobre todo místicos del oro
especialistas en su numismática
de raquitismo y de pobreza ajena

¿para qué desvirgar el universo
si el pedacito que nos ha tocado
es más injusto que morir de hambre?

pongamos que allá hay agua / ni siquiera
tendrán los pescaditos de mi río

LA HISTORIA

Sabía que la historia esa imponente
estaba hecha de resurrecciones
las muertes eran cándidos ardides
para que los cronistas se turbaran

la del pobre jesús sin ir más lejos
fue programada para validar
la espléndida patraña de la iglesia

la historia es un gigante / un esperpento
sin rostro ni motivo / una quimera
sin principio ni fin / sin cardinales

cuida sus arrabales del amor
y administra con orden sus desprecios
no falta quien sugiere que la historia
es una secreción del universo

MERCADERES

Hay mercaderes de distinta traza
desde el mendigo desafortunado
que inauguró miseria en otras tierras
hasta la autoridad invulnerable

hay mercaderes por amor del oro
que se apagan o encienden en la noche /
su patria tiene ojos de leopardo
y su miedo del mundo es su desvelo

sí tienen miedo porque siempre acude
alguno que otro triste en el corrillo
y arma señuelos y revoluciones
que vencidas o no / siembran angustia

hay mercaderes dueños de misiles
que se meten en todos los futuros
maldicen de jardines y montañas
y se aburren del tufo universal

nunca sabremos cuántos mercaderes
conseguirán que algunos de sus nietos
lleguen enteros a un sabor de vida
y se comporten con sabor del alma

FLOR DE ALHAJA

Me quedo en el mercado por dos cosas
la sangre del amor y los descalzos
cuando enfrento al espejo me parece
que el vivo que contemplo es flor de alhaja

bueno / flores de alhaja somos todos
de oro dieciocho o de chafalonía
unos decentes y otros malandrines
somos / no somos / somos y no somos

por suerte siempre quedan unos cuantos
que modelan azares de justicia
y bregan por que ganen luz y espacio
la sangre del amor y los descalzos

UNIVERSO

El universo es nadie es nada es todo
concebir su vacío parte el alma
el miedo ya no alcanza / es más bien asco
lo que inspira el abismo del *big bang*

si uno nace furtivo y miserable
en la orilla de un río de presagios
a quién le importa en qué mares se vierten
en qué azar en qué pálpito en qué ritos

el universo no cabe en un atlas
ni en arcaicos cuadernos de bitácora
tampoco hay una brújula que guíe
porque el norte no es norte / es sólo ausencia

PERSONAJES

En la pila de libros que he leído
hay tercos personajes que me esperan
vaya / después de todo no son tantos /
uno que se quedó con mis infancias
y algo de mis miradas en sus crisis
otro que guarda intacto mi reproche
cuando no pude soportar su fraude
otro que murió contra mi pronóstico
pero reapareció en el cuarto tomo
cuerpos en ruinas con humor de lluvia
arquetipos de idilio tan quiméricos
testigos de mi duda esa constante
muchacha con la gracia de su ombligo
y el prestamista con perfil de buitre

me esperan entre páginas me esperan
como interpelaciones del pasado
y a esta altura no sé qué hacer con ellos

CENIZAS

En el sagrario de este mundo absurdo
bagatela que vaga por el cosmos
está el puño implacable del poder
y los tres continentes que mendigan

la estupidez del oro sobrevive
pero no sobreviven los boyantes
autócratas / avaros / peces gordos
todos serán espléndida ceniza

los que usan rezar al dios ausente
reciben el desdén contrarrembolso
y en su mercado alcistas y bajistas
dan hurras o son náufragos del llanto

estamos solos en un tiempo solo
juguemos al amor la última apuesta
que quede tras el fin una palabra
numen de todos y de cada uno

ETCÉTERA

Siempre que doy con la palabra etcétera
y aunque provenga del latín escueto
sé que es la más abierta de la lengua
en ella cabe todo / todo vale
es libre colosal casi infinita
allí se instalan páginas silencios
sombras en espiral / misericordias
un olivo bonsai con aceitunas
nombres que fueron islas / hojas muertas
horizontes borrados / besos tiernos
gavilanes / dibujos de las nubes
y así podríamos seguir por horas
así podríamos seguir etcétera

OJALÁ

El tiempo pasa al margen de la gente
y la gente se esconde ante ese paso
el mundo huele a miedo y a fracaso
y la vergüenza ya no es inocente

estamos en las grietas de occidente
y el margen de esperanza es tan escaso
que el vino rojo no cabe en el vaso
y si uno siente es poco lo que siente

el bandoneón oculto entre cortinas
enmudece de sueños y de dudas
y se confunde con lo que recuerda

ojalá que despierte de sus ruinas
y nos brinde sus notas más desnudas
antes de que este mundo se haga mierda

PREGUNTAS

Hoy tus zapatos negros están grises
¿por qué no brillan en su betún pobre?
¿por qué la luna se instaló en tus ojos?
¿por qué la gracia de tus, huesos duele?
¿por qué los abandonos no te afligen?
¿por qué estás ciego de pensar el mundo?
¿por qué las alegrías te fatigan?
¿por qué sos un camello sin desierto?
¿por qué los inocentes no perdonan?
¿por qué estás tan callado desde el beso?
¿por qué el deleite tuyo es mi deleite?
¿por qué te atrae el sur como un imán?
no sabemos por qué / nadie lo sabe
¿por qué nadie lo sabe si es de todos?

POEMAS A LA INTEMPERIE

Mar de oídos atentos, ¿qué te dice la piedra?

JULIO CORTÁZAR

CRUDO INVIERNO

Debajo de la nieve que me cubre
están mi manta y mi capote
debajo de ese amparo
mi protección de lana
y abajo más abajo
está al fin mi pellejo

debajo de la nieve que te cubre
están tu capa y tu zamarra
debajo de ese amparo
tu protección de lana
y abajo más abajo
está por fin tu cuerpo

lejanos y contiguos como siempre
tu cuerpo está tan lejos
de mi cuerpo
que mi tacto y tu tacto
cada uno en su cepo
han perdido el recuerdo
de tu tacto y mi tacto

POESÍA HOLGAZANA

La poesía holgazana puede ser la mejor
quizá porque no brega con torrentes verbales
sino con arroyitos de alusiones /
desprecia los mejores subjuntivos
y se enamora de los predicados

cuando está dulcemente triste
resplandece pero sin lágrimas
y si está penosamente alegre
ya no sabe qué hacer con la alegría

así y todo yo siempre trato
de que haga gimnasia una vez por párrafo
ya sea con esdrújulas
                    o con pleonasmos

NOCHE

En la noche tembleque y nebulosa
me acercan otra vez al desenlace
reconozco los brazos funerarios
que intentan abrazarme como antaño
pero en dos santiamenes desbarato
el contorno peor de la añoranza
y el final me hace señas desde lejos
desengañado inútil y al trasluz

si la noche se vuelve imprescindible
si se quiere soñar o desvelarse
en lo oscuro perdemos nuestros nombres
y la tierra de todos se hace añicos

lo pasado pensado ya es un surco
y la noche se vuelve insoportable

en la noche un letargo discontinuo
dice lo mismo o no nos dice nada
y en mi frente se posa un desespero
hasta que me despierta
el pescozón del día

IDILIO

Los pájaros / los árboles
se reconocen en su temporada
unos anidan / otros brindan nido
las alas y las hojas se acarician
y allá abajo las hierbas y los hongos
perpetúan su idilio a flor de tierra

PALOMA

Cruza y esconde su mensaje
como un cartero sin oficio
uno la ve pasar y sabe
que se ha olvidado de nosotros

se vive allende / el tiempo es gratis
he de cambiar mis profecías
allá estarán los que me piensan
y me hacen señas con el humo

la mensajera hace otra ronda
pero no somos el buscado
por fin se va desalentada
y el cielo vuelve a su vacío

LAS CONFUSIONES

No confundir el sánscrito
con el lunfardo / el vidrio biselado
con el espejo asiduo
la vida con la historia
el laúd con el viento
la noche con la ruina
la paz con el hastío

la confusión es siempre peligrosa
puede llegar a convertirnos
sin que nos demos cuenta
en otro

PÁJARO

Se posó un pájaro en mi sentimiento
más que un pájaro era un pajarito
me miraba como buscando penas
o probando inocente a descifrarme

yo estaba dulce / entrado al bosque mío
y el pajarito lo fue comprendiendo
mientras llovía sin pudor ni cielo
él y yo nos quedamos al abrigo

por fin el sol volvió con sus orgullos
y el visitante se sintió quemado
hizo adiós con un ala y alzó el vuelo
y yo me quedé a solas con mi mundo

JÚBILO

El júbilo es un ángel sospechoso
casi un enmascarado del dolor
suele durar menos que una bengala
o es sólo un estrambote de la suerte

el júbilo es tan frágil como un sueño
y tan perecedero como dios
se mete en glorias coitos y bautizos
y su arma secreta es la tristeza

el júbilo convoca muchedumbres
y en la vida mortal es un milagro
si alguien se desencuentra con su júbilo
se queda sin placer y azul de frío

MÚSICA

Si uno pudiera insertarse en la música
y descansar allí mientras el mundo
sigue siendo un estruendo combustible
tal vez podría detener la muerte
sin razones de peso / simplemente
porque es latosa y no se rinde nunca

si uno pudiera instalarse en la música
ser violín o guitarra o clavicordio
y elegir dulces alucinaciones
o tímidas preguntas temporales
el alma sonaría como un sueño
o el milagro de un pájaro en suspenso

pero nadie ha podido introducirse
como espía entre dos modulaciones /
en esa franja impar de los tañidos
la música será siempre de otros
otros que por la noche merodean
hasta enhebrar la aguja del insomio

RABIA PORTÁTIL

De todos mis agobios el peor
es la rabia portátil esa loca
que suele desplegarse ante indefensos
para probar el ser de su soberbia

a esta altura del trompo giratorio
nadie quiere morir de certidumbre
para eso están los diestros de la pálida
o los profesionales del suicidio

ya no sé quién es quién ni dónde es dónde
pero los fundadores de la inquina
promueven tanta quiebra que he encargado
un brebaje de amor en la farmacia

PÁJAROS

Hubo una vez un ruiseñor
hubo dos veces un jilguero
hubo tres veces un chingolo
y una calandria cuatro veces

el monte es jaula sin cerrojos
su vacación son los jardines
y el canto dice una liturgia
que nos renueva un poco el alma

vuelan con su ración de cielo
con su viruta de tormentas
y siempre llevan otro alado
que les traduce los dialectos

y así servimos con los pájaros
así le hacemos calle al viento
así venimos los del sur
con las heridas del regreso

ARCHIPIÉLAGO

En mi archipiélago de sentimientos
hay islas de candor / cayos de sueño
arrecifes con ínfimos rencores
y fondeaderos de melancolías
mástiles y vestigios de un naufragio
y marejadas casi tartamudas

en mi archipiélago de sentimientos
hay un bajel de amor que está a la espera

BANDONEÓN

Yo conocí hace tiempo un bandoneón
que recitaba tangos de memoria
todos lo respetábamos y todos
le pedíamos mozart y gardel

de vez en cuando el tipo se estiraba
y de un soplido brusco se encogía
y en nuestros homenajes a ese apóstol
le prestábamos sístoles y diástoles

era viejo y canoso / remendado /
pero nunca perdió su hipocondría
una noche de niebla lo llevaron
y nunca más supimos de su acorde

DIÁSPORA

En la diáspora en paz nos asomábamos
al país del que fuimos y que somos
a veces nos llegaban resonancias
que guardábamos siempre en el ropero

en todas partes hay corajes mansos
y miedos agresivos / qué relajo
el exilio es un cóctel de perdones
y de arrepentimientos suspendidos

el cielo del exilio no es el mismo
ni mejor ni peor / son otras nubes /
y el de la gente es otro laberinto
donde encontramos vida y la perdemos

la solidaridad es la palabra
que nos abraza hasta creer que somos
luz y sombra de aquí ¿ajenas? ¿propias?
vaya / lejos o cerca somos alguien

LA NADA

La nada se compone de tres lotes
el todo / lo global / el añadido
si uno se entrega los otros se rasgan
y la vejez se pone a remendarlos

acaso el prólogo / es decir la vida
es demasiado largo / demasiado
ficticio para ser uno y de veras
e hincharse de zozobras y alborozos

la nada se divierte con la muerte
y viceversa / son del mismo palo
es cierto que los ecos de la nada
son inaudibles / se diluyen / velan

para la nada no hay metamorfosis
sólo hay eclipses desapariciones
y si echamos de menos a la nada
es porque el todo ya es insoportable

COSAS Y COSITAS

De las diversas cosas y cositas
que en un tramo del tiempo fueron mías
rescato un relojito que atrasaba
y en jornadas de otoño y poco sueño
recordaba que eran las dos y cuarto
en las ventanas de la madrugada

también hubo un cuaderno de figuras
que yo podía colorear a gusto
y claro allí inventaba árboles rojos
cielo cuadriculado / un bosque enano
y un pavo real de espléndido abanico
que tan sólo se abría en blanco y negro

a veces concurrían pajaritos
que eran juguetes con toda su cuerda
yo despejaba el puente de mi nuca
y todavía siento en el pescuezo
el terciopelo de unas manos dulces
y el trapo huraño de manos hostiles

de las diversas cosas y cositas
rescato un disco de los muy antiguos
los de 78 erre pe eme
milonga albricia con la voz quebrada
que yo ponía cuando estaba a solas
para vencer los miedos del silencio

DOCUMENTOS

Cada vez que me piden documentos
en la aduana en el banco en la frontera
me siento un fósil caracol que lleva
su identidad a cuestas como un fardo

mi foto vieja viaja / tango y seña
tiene los años que pasaron gratis
los ojos ya miraban precavidos
pero he olvidado qué color tenían

el documento dice *vitalicio*
o sea inseparable hasta la muerte
mas cuando llegue al último confin
dirá un tarado que ésa no es mi cara

y tendrá sus razones / el espejo
contabiliza el plan de mis arrugas
y en la hendija que media entre una y otra
asomará por fin mi rostro único

SOBRE GUSTOS

Los apotegmas nunca me gustaron
prefiero las campanas en la niebla
el fogonazo de una vieja leika
o la lluvia golpeando en los cristales

siempre me hartaron las palabras gordas
con la basta hinchazón de sus vocales
me quedo con los verbos jabalina
y el canto de algún gallo tempranero

nunca me conmovieron los debates
que terminan en cero o menos cuatro
prefiero amar la sencillez del cava
que es imparcial y vuela en sus tapones

SIEMPRE OCURRE UNA VOZ

En todos los silencios de la vida
siempre ocurre una voz / una indiscreta
que en mayo nos achaca que es setiembre
o nos inventa un fuego congelado

entonces nos lanzamos a pensar
que nunca estamos solos / que la sangre
convierte al corazón en un arqueo
con todas sus ganancias y sus pérdidas

en normales silencios siempre estalla
un brote inesperado de vergüenza
que no es ni más ni menos que la llave
que abre las puertas de un silencio ajeno

nunca el silencio es tal silencio / vuelan
entre sus sombras que todo lo callan
ternuras y pasiones como éstas
que te consagro en el silencio mío

LLUVIA

La de hoy es una lluvia del pasado
lavadora de sueños y rencores
brilla en todos los paraguas abiertos
y hace noche con estrellas mojadas

fue sin embargo riego imprescindible
porque le puso nombre a la nostalgia
y asumió el sacrificio de las guerras
cuando la sangre no tenía precio

lluvia que era como un enrejado
de sentimientos y de voluntades
barrera de agua que impedía el paso
a la muerte y a tantos desafueros

SI UNO PUDIERA SER

Si uno pudiera ser aquella cosa
que se propuso ciego en algún sueño
el mundo no sería tan pequeño
ni la mujer desnuda tan hermosa

la realidad es siempre peligrosa
porque del tiempo no se es nunca dueño
y aunque los sueños vengan del ensueño
la primavera siempre es sospechosa

esto quiere decir que en la inminente
celebración del cava y sus burbujas
alguien dirá los nombres del camino

y al cruzar las incógnitas del puente
no habrá sobremurientes ni habrá brujas
que nos cambien las marcas del destino

POEMAS A LA INTEMPERIE

Los poemas de uso a cielo abierto
usan vocales como mariposas
diptongos como caracoles
interjecciones como trinos

el aire que absorbieron noche a noche
y a sus anchas respiran en sus coplas
limpian el tedio de los estribillos
y flamean como buscando el mar

poemas al aire libre son de nube
llevan su pedacito de universo
y si un pájaro vuela en sus palabras
es porque el corazón abrió la jaula

OFRENDA

Cuerpo capitalista que tenés
almita de pudor occidental
tus lágrimas no son siempre las mismas
las hay potables como ríos mansos
y otras altivas como cataratas

desde su historia llueve cada llanto
o desde el disimulo que proponen
los insomnios de cálculo y pereza

qué humilde rito pensar en invierno
con ojos de verano / anticiparse
a los festejos y a las inclemencias
decir adiós a las huellas finales
y dar la bienvenida a los que nacen

de todos los ensueños que he enhebrado
éste que deshenebro es para vos

LUNAS

De ciertas lunas que parecen íntimas
y son tan sólo espías del futuro
siempre hay alguna con manchas opacas
poco fastuosas que engañan a priori

hay lunas que coloco entre paréntesis
por ejemplo las del invierno impune
porque vienen con canas y morriñas
y toda una lección de desamparo

hay lunas tibias con olor a cedro
que vigilan el sueño de la urraca
y nos ponen fulgores en los párpados
antes de que éstos se abran sin motivo

hay lunas del espejo / son noticias
que me dicen quien soy o quién sería
si no tuviera el susto de la almohada
que me ha armado una crencha de babel

hay lunas despiadadas que convierten
las florestas en ruinas / las casonas
en tugurios que brillan de miseria
y hacen suya la isla del insomnio

por fortuna y azar hay otra luna
la que presta su luz a los amantes
satélite del beso / cuerpo en celo
goce de fornicar bajo la luna

EL SOL

El muro las paredes los tejados
se enamoran del sol que los enciende
y cuando el sol se esconde se figuran
que su tibieza sigue por un rato

las hileras de sol ponen a salvo
las esperanzas y las golondrinas
su luz casi amarilla se renueva
en el encaje de las estaciones

el sol no miente / dice la verdad
acerca de relojes y de arrugas
y de arrecifes dunas selvas lagos
y revela el porqué de las derrotas

que el sol no muera / que nos sobreviva
que sepa dialogar con la tristeza
que brille en las cenizas y en la lluvia
y nos convenza de un amor cualquiera

PARA QUÉ SIRVE

¿Para qué sirve la piedad congénita?
¿para qué sirven los remordimientos?
¿para qué sirve el vaho de las ruinas?
¿para qué sirve el mar y su faena?
¿para qué sirve el júbilo del viento?
¿para qué sirve el día si guardamos
un corazón que ya no tiene prisa?

la oxidada memoria es tan inútil
como las musarañas del olvido
el nimbo que nos queda entre las manos
tiene algo de busca y de presagio
y en la ventana de primeras sombras
cruzan los transeúntes de la tarde

¿de qué sirve vivir a contramano
y envejecer con gracia si sabemos
que aquí bajo la bóveda del tiempo
seguiremos ausentes y descalzos?

después de todo sirve aventurarnos
almacenar la patria en la mochila
y ver cómo el chajá y el teruteru
nos reconocen y nos abanderan

MITADES DE HOY

La mitad de este hoy viene de ayer
de la otra mitad vive el mañana
la de ayer me propone un nuevo arqueo
y la otra se atreve en vaticinios

el presente es un hilo de silencio
que no soporta el nombre de su sombra
¿dónde están mis instantes invisibles
que empiezan y se acaban parpadeando?

la jornada queda deshabitada
soy un extraño / libre de sospechas
un esqueleto viejo y sin racimos
un hoy en dos mitades / un crepúsculo

LAS PENAS

Las penas pasan como las lombrices
despacio despacito y sin pregones
ocultándose en todos los rincones
sabiéndose perdidas e infelices

las penas de los buenos aprendices
nunca se transfiguran en pasiones
siempre tienen a mano los perdones
y no alardean de sus cicatrices

el alma es el archivo de las penas
allí se arruga o plancha la memoria
se confirman o borran las condenas

si se estudia la historia de la historia
se verá que en las malas o en las buenas
las penas siempre buscan la victoria

GALERÍAS

Morir es acordarnos de que olvidamos algo.

FERNANDO PESSOA

TÚNEL EN DUERMEVELA

Aquel túnel que había sido del ferrocarril y que llevaba ya varios años de clausura, siempre había tenido para los niños (y no tan niños) de San Jorge un aura de misterio, alucinación y embrujo, que ninguna explicación de los mayores era capaz de convertir en realidad monda y ronda. Siempre aparecía alguno que había visto salir del túnel un caballo blanco y sin jinete, o, en algún empujón de viento, una sábana pálida y sin arrugas que planeaba un rato como un techo móvil y se desmoronaba luego sobre los pastizales.

En ambas bocas de la tenebrosa galería, unos sólidos cercos de hierros y maderas casi podridas impedían el paso de curiosos y hasta de eventuales fantasmas.

Pasó el tiempo y aquellos niños fantaseosos se fueron convirtiendo en padres razonables que a su vez engendraron hijos fantaseosos. Un día llegó el rumor de que las líneas del ferrocarril serían restauradas y la gente empezó a mirar el túnel como a un familiar recuperable. Seis meses después del primer rumor fueron retirados los cercos de hierro y madera, pero todavía nadie apareció para revisar los rieles y ponerlos a punto.

¿Recuerdan ustedes a Marquitos, el hijo de don Mabs, y a Lucas Junior, el hijo de don Lucas? El túnel había sido para ambos un trajinado tema de conversación y especulaciones, y aunque ahora ya habían pasado la veintena, continuaban (medio en serio, medio en broma) enganchados a la mística del túnel.

—¿Víte que aún ahora, que está abierto, nadie se ha atrevido a meterse en ese gran hueco?

—Yo voy a atreverme —anunció Marquitos, con un gesto más heroico del que había proyectado. A partir de ese momento se sintió esclavo de su propio anuncio.

Más intrépido, Lucas Junior lo acompañó hasta el comienzo el final, vaya uno a saber cuál era la correcta viceversa el insinuante boquete. Marquitos se despidió con una risa preocupada.

A los quince o veinte metros de haber iniciado su marcha, vio obligado a encender su potente linterna. Entre los rieles la maleza invasora se deslizaban las ratas, algunas de las les se detenían un instante a examinarlo y luego seguía su ruta.

fin apareció una figura humana, que parecía venir a su encuentro con un farol a querosén.

Hola —dijo Marquitos.

—Mi nombre es Servando —dijo el del farol—.

icen que soy un delincuente y por eso escapo. Me acusa de haber castigado a una anciana cuando en realidad fue la vieja la que me pegó. Y con un palo. Mirá como me dejó el brazo.

El tipo no esperó ni reclamó respuesta y siguió caminando Dentro de un rato, pensó Marquitos, le dará la sorpresa a Lucas Junior.

El siguiente encuentro fue con una mujer abrigada con un poncho marrón.

—Soy Marisa. Mucho gusto. Mi marido, o mejor dicho mi macho, se fue con una amante y mis dos hijos. Sé que lo hizo para que yo me suicide. Pero está muy equivocado. Yo seguiré hasta el final. ¿Usted querría suicidarse? ¿O no?

—No, señora. Yo también soy de los que sigo.

Ella lo saludó con un ¡hurra! un poco artificial y se alejó cantando.

Durante un largo trayecto, como no aparecía nadie, Marquitos se limitó a seguir la linea de los rieles.

Luego llegó el perro, con ojos fulgurantes, que más bien parecían de gato. Pasó a su lado, muerto de miedo, sin ladrar ni mover la cola. El amo era sin duda el personaje que lo seguía, a unos veinte metros.

—No tenga miedo del perro. Esta compacta oscuridad lo acobarda. A la luz del día sí es temible. Su nómina de mordidos llega a quince, entre ellos un niño de tres años.

—¿Y por qué no lo pone a buen seguro?

—Lo preciso como defensa. En dos ocasiones me salvó la vida.

El recién llegado miró detenidamente a Marquitos y luego se atrevió a preguntar:

—Usted ¿vive en el túnel?

—No. Por ahora, no.

—A usted que anda sin perro, muy campante, sólo le digo: tenga cuidado.

—¿Ladrones?

—También ladrones.

—¿Ratas?

—También ratas.

No dijo nada más, y sin siquiera despedirse, se alejó. El perro había retrocedido como para rescatarlo. Y lo rescató.

Marquitos permaneció un buen rato, quieto y silencioso. La muchacha casi tropezó con él. Su gritito acabó en suspiro.

—¿Qué hace aquí? —preguntó ella, no bien salida del primer asombro.

—Estoy nomás. ¿Y usted?

—Me metí aquí para pensar, pero no puedo. Las goteras y las ratas me distraen. Tengo miedo de quedarme dormida. Prefiero esta duermevela.

—¿Y por qué no retrocede?

—Sería darme por vencida.

—¿Quiere que la acompañe?

—No.

—¿Necesita algo?

—Nada.

—Me sentiré culpable si la dejo aquí, sola, y sigo caminando.

—No se preocupe. A los solos vocacionales, como usted y yo, nunca nos pasa nada.

—¿Puedo darle un beso de adiós?

—No, no puede.

Caminó casi una hora más sin encontrar a nadie. Se sentía agotado. Le dolían todas las bisagras y el pescuezo. También las articulaciones, como si fuera artrítico.

Cuando llegó al final, había empezado a lloviznar. Se refugió bajo un cobertizo, medio destartalado.

De pronto una moto se detuvo allí y cierto conocido rostro veterano asomó por debajo de un impermeable.

Era Fernández, claro, viejo amigo de su padre. El de la moto le hizo una seña con el brazo y le gritó:

—¡Don Marcos! ¿Qué hacés ahí, tan solitario?

—Eh, Fernández. No confunda. No soy don Marcos, soy Marquitos.

—No te hagas el infante, ché. Nunca vi un Marquitos con tantas canas. ¿O te olvidaste que fuimos compañeros de aula y de parranda?

—No soy don Marcos. Soy Marquitos.

—En todo caso, Marquitos con Alzheimer.

478

—Por favor, Fernández, no se burle. Acabo de salir del túnel. Lo recorrí de cabo a rabo.

—Ese túnel vuelve locos a todos. Deberían clausurarlo para siempre.

—No soy don Marcos. Soy Marquitos. Justamente voy ahora en busca de mi viejo.

—Sos incorregible. Desde chico fuiste un payaso. Tomá, te dejo mi paraguas.

La moto arrancó y pronto se perdió tras la loma. Mientras tanto, en el cobertizo, sólo se oía una voz repetida, cada vez más cavernosa:

—¡Soy Marquitos! ¡Soy Marquitos!

Por fin, cuando emergió del túnel un caballo blanco, sin jinete, y se paró de manos frente al cobertizo, Marquitos se llamó a silencio y no tuvo más remedio que mirarse las manos. A esa altura, le fue imposible negarlo: eran manos de viejo.

Í N D I C E

ADIOSES Y BIENVENIDAS

Miedos 13

Alternativa 14

Nocturno 15

Brindis (I) 16

Cuerpo 18

Contrabandos 20

Una maleta 22

Nostalgia 24

Contra el aburrimiento 26

Infancia 27

Búsqueda 29

Vida 30

El hastío 31

Abreviatura 32

Cómplice 33

Cosas 34

Noches 36

Infancias 37

Elogio de la sombra 38

Bienvenidas (I) 39

Infinito 40

Profecías 41

Ventana 42

Entre dos nadas 43
Adioses 44
Futuro 46
Almanaque 47
Más adioses 49
Pausa 50
Historia 51
Saberse 53
La poesía (I) 55
Pájaros 57
Muertecita 59
Projimíos 61
Reloj 63
Calles 64
Ola 66
Imaginación 67
Sin timbales 69
Maniquí 70
¿Dónde? 72
Guerras 74
Fuego 76
Víspera 78
Bienvenidas (II) 79
Testamento 80
Imán 82
Brindis (II) 83
Infierno 85
Mientras tanto 86
Preguntas 87
Dolores 88
La palabra 89
Todo es anónimo 90

Contrastes 92
Oda terrestre 93
Luz y sombra 94
Voz y eco 95
Estaciones 96
Silencio 97
Oda al pan 98
Profecías 99
De nuevo 100
Silencios 102
Mundos 103
Palomas 104
La poesía (II) 105
Del aire 106
Miserias 107
Metrópoli 108
Derrotas 110
Agenda 111
Universo 115
La tercera 116
Objetos 117
Carencias 119
Otro exilio 120
Crepúsculo 122
Rocío 123
Museo 124
Silencio muro 125
Noche y nada 126
Schlusswort 127

OTRO RINCÓN DE HAIKUS 129

DEFENSA PROPIA

OTRA VEZ EL MAR

Realidad 155
Silencio 156
Costumbres 157
Convalecencia 159
Nocturno 160
Fantasmas 162
Lluvia 163
Memorándum 164
Otra vez el mar 166
Soneto de amparo 168

DEFENSA PROPIA

Adioses 171
Derrotas 172
Venga lo que venga 173
Defensa propia 174
Desaparecidos 175
Dolor 177
Transición 178
El bien y el mal 180
Insomnio 181
Caverna con bujía 182
Todo ocurre 184
Mundo enfermo 185
Ausencias 187
Tristeza 189

COMO UN GALLO

La alegría 193
Posibles 194

Tal vez así 195
Extravíos 196
Como un gallo 197
Exequias 198
Fiesta 199
Tránsito 200
En paz 202
Regocijo 203

SUR

Instante 207
Sur 208
Pálpito 210
Soledades 212
Almario 213
Palabras 214
Canas 215
Culpa 216
Soneto crepuscular 217
Memoria 218
Sobrevivientes 219
Noche 221

LUGARES COMUNES

Hurtos 225
Todas menos una 226
Quién sabe 227
Espejismo 228
Cielos 229
Lugares comunes 230
Lo desconocido 231
Jurar 232
Sombra 233

Soneto aleluya 234
Madriguera 235
Conciencia 237
Otoño 238
Universo 239

BAGATELAS 241

EXISTIR TODAVÍA

83 Poemas / años 261

PRÓJIMOS
    Horizonte 265
    Perdones 266
    Mendigo 267
    La vejez 268
    Lluvia 269
    Infancias 270
    Poemas 271
    Palabra 272
    El río 273
    Árbol 274
    Lejos 275
    Prójimos 276
    Ocaso y alba 277

ANTES Y AHORA
    Voz de un sufrido 281
    Universo 282
    Esta aventura 283

A GWB 285
Aguas 286
Antes y ahora 287
Hueste 288
Aquí estamos 289
Esta guerra 290
Quién y dónde 291
Interrogantes 292
Niños 293

MEMORIA
Una mujer 297
Guitarra 298
La vida breve 299
Soledades 300
Puente 1 301
Puente 2 302
Amores 303
Cuerpo 304
Sudores 306
Contrastes 307
Rosa 308
Corazón con canas 309
Abrazo 310
Faro 311
Biblioteca 312
Memoria 313
Tristes o alegres 315

EXISTIR
Fantasma 319
Sobre ángeles 320
Nocturno 321

Apocalipsis 322
Píldoras 323
Caída 325
El mar 327
Sauce llorón 328
Más o menos 329
Adioses 330
Borracheras 332
Losas 333

VARIACIONES
Paisajes 337
Una pareja 338
Sin pena ni gloria 340
Estar y no 342
Posdata apócrifa 343
Basura 344
Defensas 345
Ver 346
Silencios 347
Nada 348
Melancolía 349
Feto 350
Espejo 352
No morir 353
Variaciones 354

TODAVÍA
Camino 357
La espera 358
De nuevo el mar 359
Soledades 360
Fórmula 361

Mi ciudad 362
¿Dónde estoy? 364
Náufrago 365
Pretérito perfecto 366
Estatua 368
Todavía 369
A vivir 370
Patria 371
Soneto inquisidor 372

INSOMNIOS Y DUERMEVELAS

PAPEL EN BLANCO
Futuros 381
Soledad 382
El sueño... 383
Ninguna memoria 384
Surco 385
Otoño 386
Madre nuestra 387
Asamblea 388
Cuerpo y alma....................................... 389
Insomnios 390
Demasiado silencio 392
Manos 393
La eternidad.. 394
Sueño realidades 395
Ojos.. 396
La infancia.. 397
Sentimientos 398

Estar sin ellos.. 399
El espinel 400
Fronteras 401
Ausencias 402
Voces 403
Adioses 404
Saldos 405
Amorodio 406
Hace medio siglo 407
Mientras el tiempo diga todavía............................. 408
Papel en blanco 410

LUGARES COMUNES
Los enemigos... 413
Bocas 414
La ola... 415
Mentira 416
Horizonte 417
Palabras 418
Autoepitafio... 419
Escritura 420
Diccionario 421
Distancia 422
La araña.. 423
Agenda 424
Lugares comunes 425
Acentos 426
Maniquí... 427
Colegas 428
¿Para qué? 430
La historia 431
Mercaderes.. 432
Flor de alhaja... 433

Universo 434
Personajes 435
Cenizas 436
Etcétera 437
Ojalá 438
Preguntas 439

POEMAS A LA INTEMPERIE
Crudo invierno 443
Poesía holgazana 444
Noche 445
Idilio 446
Paloma... 447
Las confusiones 448
Pájaro 449
Júbilo... 450
Música... 451
Rabia portátil...................................... 452
Pájaros... 453
Archipiélago.. 454
Bandoneón 455
Diáspora 456
La nada 457
Cosas y cositas 458
Documentos 459
Sobre gustos.. 460
Siempre ocurre una voz 461
Lluvia 462
Si uno pudiera ser 463
Poemas a la intemperie 464
Ofrenda 465
Lunas... 466
El sol 468

491

Para qué sirve.. 469
Mitades de hoy 470
Las penas 471

GALERÍAS
Tonel en duermevela 475